국제마케팅전략

국제마케팅전략

김 길 성 저

전남대학교출판부

머리말

최근 스마트폰이나 소셜네트워크서비스와 같은 커뮤니케이션 수단의 혁신적 발달로 기업 및 시장의 글로벌화가 가속화되고 있다. 전 세계가 국경 없는 하나의 지구촌으로 급변하고 있는 것이다. 하지만 많은 학자들은 글로벌화가 촉진될수록 세계뿐만 아니라 현지 국가나 지역의 정치 · 경제 · 사회 · 문화 · 기술 등을 더 많이 이해할 필요가 있다고 주장한다. 즉 'Think global, act local'이 글로벌시대에 다국적기업이 지향해야 할 올바른 전략적 방향이라는 것이다. 시대적 변화에도 불구하고 국제마케팅전략에 관한 연구가 여전히 필요한 이유이다.

국제마케팅전략은 환경의 변화와 긴밀하게 연계되어 있다. 그런 점에서 한국기업들에게 국제마케팅전략은 매우 중요하다. 그 이유는 한국이 불확실한 세계경제에 대한 의존도가 높을 뿐만 아니라 오늘날 경쟁우위의 주요 원천인 디지털혁신을 주도하는 기술선진국 중 하나이기 때문이다. 결국 한국 기업들이 보다 나은 미래를 창조하기 위해 해외시장 진출을 추진할 수밖에 없고, 성공적인 해외시장 운영을 위해 효과적인 국제마케팅전략을 개발하고 실행하지 않으면 안 된다.

그러나 전략이란 개념의 이해가 쉽지 않듯 국제마케팅전략의 효율적 개발과 실행 또한 쉬운 일이 아니다. 그래서 독자들이 국제마케팅전략을 쉽게 이해할 수 있도록 전략 실행 과정에 따라 소주제마다 내용을 각각 구분하였고, 내용과 표현을 가능한 간결하게 정리하였다. 아울러 각 절마다 주요 개념 및 내용을 영어로 요약해 표나 그림으로 제시함으로써 대학 교과서로서 뿐만 아니라 대학원 교재로도 활용될 수 있도록 노력하였다.

이 책은 전략적 관리과정에 따라 총 4부 13장으로 구성되어 있다. 먼저 제Ⅰ부에서는 국제마케팅의 기본 개념에 관한 이해를 돕기 위해 국제마케팅의 개념 · 명칭 · 주요 논제와 함께 국제마케팅전략 프로세스를 서술하였다. 제Ⅱ부는 분석에 관한 내용으로 해외시장 기회와 해외고객을 살펴보고, 아울러 이들을 체계적으로 분석하기 위해 필요한 국제마케팅 조사에 대해 설명하였다. 제Ⅲ부는 전략 개발과 관련하여 해외시장 및 진입방식의 선택에 대해 서술하고, 글로벌전략에 대한 내용도 함께 살펴보았다. 제Ⅳ부는 전략 실행 및 통제에 관한 내용으로 국제제품전략 · 국제가격전략 · 국제촉진전략 · 국제유통전략에 대한 설명과 함께 최근 기술혁신이 국제마케팅에 미친 영향을 인터넷 중심으로 정리하였다. 마지막으로 국제마케팅전략의 평가와 통제에 대해 살펴보았다.

이 책은 궁극적으로 한국기업의 성공적 국제경영을 위한 국제마케팅 전략 지침서로서 뿐만 아니라 학생들의 국제마케팅에 대한 관심 제고와 전략적 사고 배양을 위한 대학 및 대학원 교재로서의 목적을 가지고 집필되었다. 하지만 막상 원고를 마무리한 후 다시 읽어보니 부족한 점이 많다. 미흡한 부분에 대해서는 앞으로 독자들의 조언에 따라 내용을 계속 보완하고 수정하여 독자들이 애독하는 책으로 만들어 갈 것을 다짐한다.

끝으로 이 책은 주님의 은총과 가족의 사랑으로 완성될 수 있었다.

2013년 1월

김 길 성

차 례

제I부 서론

제1장 국제마케팅의 이해

제II부 분석

제2장 해외시장 기회

제Ⅲ부 전략 개발

제5장 해외시장 선택

제6장 진입방식 선택

제7장 글로벌전략

제IV부 전략 실행 및 통제

제8장 국제제품전략

제9장 국제가격전략

INTERNATIONAL MARKETING STRATEGY

제 I 부
서 론

제1장 국제마케팅의 이해

제1장

국제마케팅의 이해

1-1 국제마케팅의 개념

The concept of international marketing

Marketing is the process of planning and executing the conception, pricing, promotion and distribution of ideas, goods and services to create exchanges that satisfy individual and organizational objectives.

(American Marketing Association, 1985)

International marketing differs very little from domestic marketing in that the objective of marketer is the same - to understand customer and market needs and strive to meet them with the capabilities which the organization has at its disposal.

(The Charted Institute of Marketing, 2000)

국제마케팅(International marketing)이란, 미국마케팅협회의 마케팅에 관한 정의를 원용하면, 개인과 기업의 목적을 달성하기 위한 교환을 창출하기 위해 기업이 해외시장에 진입하여 아이디어·제품·서비스의 개념·가격·촉진·유통을 국제적으로 계획하고 수행하는 과정이라고 정의할 수 있다.

국제마케팅에 관한 CIM의 정의에 따르면, 마케터의 목적이 고객과 시장의 니즈(Needs)를 이해하고 만족시킴으로써 기업 목적을 달성하는 것이라는 점에서 국제마케팅과 국내마케팅 간의 개념상 차이가 없다고 할 수 있다. 다만, 국제마케팅은 기업이 고객 니즈가 상이한 해외시장에 개입한다는 점에서 국내마케팅보다 시장 범위가 더 크고 다양하며 더욱 복잡한 분석 및 전략이 요구된다.

국제마케팅의 주요 특성을 요약하면 다음과 같다.

■ 외국환경

국제마케팅은 시장 · 고객 · 정부 · 자원 · 하부구조 등 기업이 통제하기 어려운 개별 국가의 환경을 추가적으로 분석해야 한다. 그리고 위험요인들을 축소하기 위해 다양한 국제경험과 지식을 축적해야 할 뿐만 아니라 효과적인 마케팅 활동을 위해 이질적인 외국환경에 적응해야 한다.

■ 국제이전

국제마케팅은 국내마케팅과 달리 재화 및 서비스 · 생산요소 · 마케팅 전략/기법 등의 국제적 이전이 발생한다. 따라서 이전을 용이하게 할 수 있도록 국제기업은 환경요인들을 정확하게 이해한 후, 효율적인 해외시장 진입방법을 선택해야 한다.

■ 다수 국가시장

국제기업은 다양한 환경을 지닌 다수의 국가에서 국제마케팅 활동을 수행한다. 따라서 국가별 마케팅 활동의 현지화뿐만 아니라 전사적 차원에서 국가별 전략들을 연계하고 통합하는 전략적 조정이 필요하다.

1-2 국제마케팅의 명칭

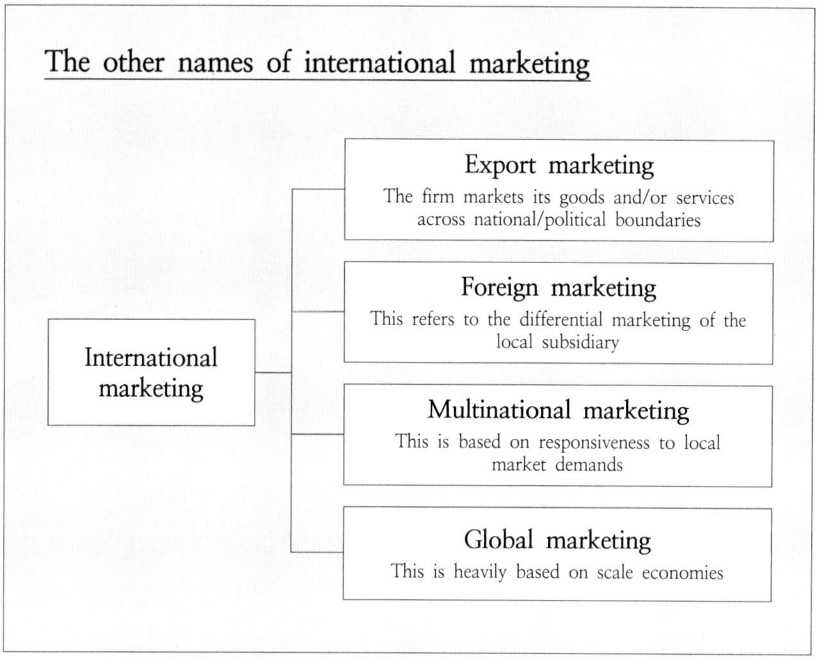

국제마케팅의 다양한 명칭들은 개념상 같은 의미로 사용될 수 있지만, 전략적 측면에서는 각각 지향적 목표와 이를 실행하기 위한 조직 형태가 다르다. 예를 들어, 국제마케팅이나 글로벌마케팅이란 용어가 국제화란 측면에서 혼용될 수 있다. 하지만 기업의 해외시장 진입방식이나 개입수준, 전략적 목표 등과 관련하여 차이가 있다.[1)]

■ **수출마케팅**(Export marketing)

수출기업의 마케팅활동을 의미하며, 본국에서 해외시장까지 제품 및 서비스 이동과 판매에 마케팅 초점을 맞춘다.

---

1) Doole, I. and Lowe, R. (2008) *International Marketing Strategy*, 5th edn. CENGAGE Learning EMEA; 이장로 (2008), 「국제마케팅」, 무역경영사.

■ **해외마케팅**(Foreign marketing)

해외자회사의 현지마케팅을 의미하며, 마케팅 관리자가 현지시장과 고객 특성을 고려하여 제품을 생산 및 판매한다. 따라서 마케팅 활동이 현지고객 중심적 성격을 많이 띠고 있는 편이다.

■ **다국적마케팅**(Multinational marketing)

여러 국가에서 생산 및 판매 활동을 하는 다국적기업의 마케팅 활동을 의미한다. 일반적으로 모국 본사가 해외자회사에게 책임 및 권한 등을 위임함으로써 각국 시장 환경에 따라 차별화된 마케팅 활동이 이루어진다.

■ **글로벌마케팅**(Global marketing)

해외시장 개입 수준이 높은 글로벌기업이 글로벌 경쟁우위를 달성하기 위해 전 세계를 하나의 동질적 시장으로 간주하고 표준화된 제품의 마케팅활동을 수행한다. 글로벌마케팅의 경우 규모의 효율성이 높지만 시장 간 차이에 따른 적응이 곤란하다는 단점이 있다.

1-3 전략적 마케팅의 구조

The structure of strategic marketing

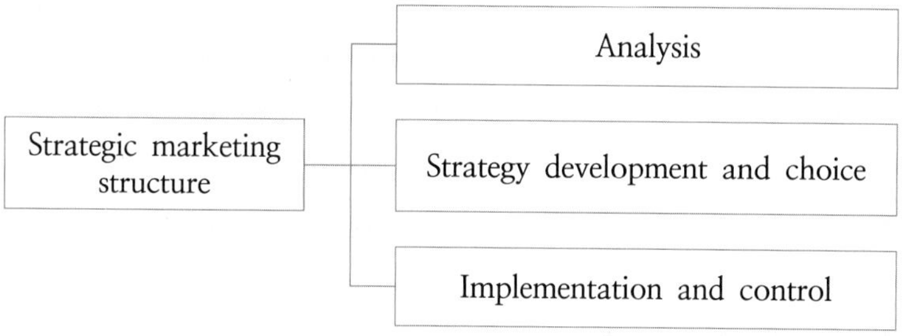

Source: Doole, I. and Lowe, R. (2008) *International Marketing Strategy*, 5th edn. CENGAGE Learning EMEA.

국제마케팅은 개념적으로 전략적 마케팅의 구조를 따른다. 따라서 목적 → 분석 → 전략 개발 → 전략 실행 → 평가 및 조정과 같은 전략적 관리 과정을 중요시하고, 기업국제화, 글로벌경쟁전략, 해외시장선택, 시장진입전략, 마케팅믹스전략, 글로벌마케팅전략의 조정 등과 관련된 국제마케팅전략을 강조한다. 전략적 마케팅의 과정은 다음과 같이 크게 3단계로 구분할 수 있다.

■ 분석

마케팅 환경은 기업 활동에 중대한 영향을 미친다. 전략적 마케팅의 첫 번째 단계인 분석은 바로 마케팅 환경에 관한 정보 수집과 평가를 의미한다. 마케팅 환경은 크게 기업 내부능력과 외부환경으로 구분할 수 있다. 먼저, 기업은 내부능력에 대한 분석을 통해 자신의 현재 위치와 능력을 파악할 수 있다. 국제마케팅의 경우, 내부능력을 나타내는 주요 요인으로 기업의 국제화 수준과 국제경쟁력을 들 수 있다. 국제화 수준은 해외시장의 숫자와 비중, 진입방식, 국제사업 종류 등으로 측정하고,

국제경쟁력은 경쟁력의 원천, 해외시장에서 경쟁적 위치, 경쟁성과 등을 평가하게 된다. 특히 국제경쟁력은 해외시장 개입 여부 · 수준 · 성과를 결정하는 주요 요인이라고 할 수 있다.

외부환경에 대한 분석은 주로 시장에서의 기회 및 위협 정도를 평가하는 것으로 기업이 통제하기 곤란한 요인들로 구성되어 있다. 외부환경은 크게 거시환경과 미시환경으로 구분할 수 있다. 거시환경은 기업이 참여하는 산업의 종류와 관계없이 모든 기업들의 경영 활동에 영향을 줄 수 있는 환경을 의미한다. 미시환경은 특정 산업에 참여하는 기업들에게만 영향을 미치는 환경을 의미한다.[2] 국제마케팅의 경우, 외부환경을 구성하는 주요 요인으로 국제무역환경 · 거시환경 · 고객행동을 들 수 있다.

□ **해외시장기회**

해외시장기회란 개별 국가 시장의 무역 · 투자환경 및 제품의 마케팅 기회를 파악해서 시장의 매력도를 평가하는 것이다. 일반적으로 정부정책, 경쟁상태, 산업발전정도, 제품수명주기, 마케팅 하부구조 등을 비교 · 분석한 후 기회와 위협 요인으로 구분한다.

□ **고객행동**

구매에 영향을 미치는 주요 요인으로서 사회 · 문화, 소비 패턴, 구매과정 등을 측정한다.

■ **전략 개발과 선택**

기업은 시장에서의 위협을 줄이고 기회를 수익 창출과 연결하기 위해 적절한 전략들을 개발한 후, 전략적 방향에 가장 잘 어울리는 전략을 선택한다. 국제마케팅의 경우, 전략 개발은 주로 해외시장 선택 및 진입방식의 결정과 관련이 있다.

---

2) 김길성 (2009), 「경영전략」, 전남대학교출판부.

□ **해외시장 선택**

시장 선택은 시장 평가 및 세분화, 목표시장 선택, 해외시장 확대와 같이 순차적으로 이루어진다.

□ **진입방식 선택**

진입방식은 자원투입 정도 및 위험 수준과 밀접한 관련이 있다. 따라서 기업이 진입방식을 선택할 때는 현지국 및 본국 요인과 기업의 전략적 목표·자원·능력 등을 포함한 기업 요인을 함께 고려해야 한다.

■ **전략 실행**

부가가치 창출을 위해 기업은 제품 활동·촉진 활동·유통 활동·가격 활동을 실행한 후, 이를 평가 및 통제한다.

□ **제품**(Product)

상품 개발·생산·변경·상표·포장

□ **가격**(Price)

제품가격의 결정·변경·조정

□ **촉진**(Promotion)

광고·판촉·인적판매·홍보·공중관계 등

□ **유통**(Place)

생산자로부터 최종 소비자까지의 유통경로 설계

특히 국제마케팅의 경우, 전략 실행 전 국제마케팅의 목적을 효과적으로 달성하기 위해 전사적 관점에서 마케팅 활동의 조정, 즉 전략의 표준화(Standardization) 및 적응화(Adaptation)에 대한 전략적 조정이 필요하다. 그리고 기업은 마케팅믹스를 더욱 효과적으로 실행하기 위해 인터넷 등 IT(Information technology)를 적극 활용한다.

1-4 국제마케팅의 주요 논제

The key questions of international marketing

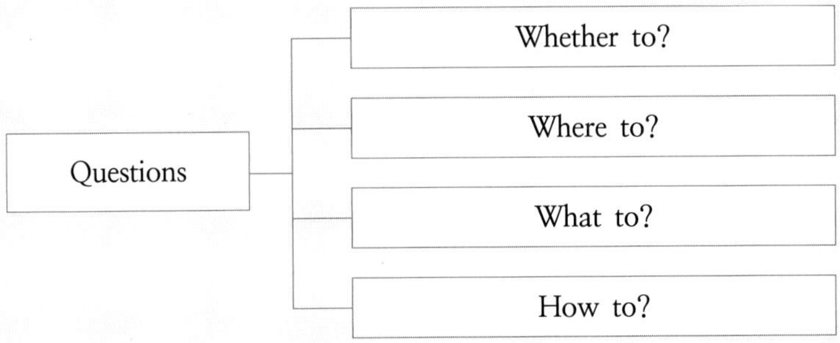

Source: Fifield P. & Lewis K. (2000) *International Marketing Strategy*, Butterworth-Heinemann.

해외에서의 사업 운영을 처음으로 고려하는 기업들은 국제마케팅과 관련하여 네 가지 포괄적 문제들의 답을 결정해야 한다. 물론 이 문제들은 이미 국제적으로 활동하고 있는 다국적기업들에게도 해당된다.

■ 국제화 여부

지구상에는 200개가 훨씬 넘는 국가들이 있다. 따라서 국제적으로 사업을 운영하려는 기업들은 그들이 진출할 국가의 정부·고객·노동자·현지기업 등이 어떻게 생각하고 행동하는가를 효과적으로 판단하기 위해 현지의 독특한 환경들을 분석해야만 한다. 경우에 따라서는 국가 간의 이질적 환경으로 인해 기업이 전략을 국가별로 다르게 차별화함으로써 상당한 비용지출을 초래할 수도 있다.

■ 진출 국가 선정

국경이 사라지고 글로벌 정보시스템이 구축되면서 세계가 하나의 거대한 시장으로 변하고 있다. 하지만 지구는 여전히 수많은 국가들로 이루어져 있고, 그들 간의 시장기회도 제 각각이다. 따라서 다양한 기회를 가진 수많은 시장 중에서 기업이 어떤 곳에 마케팅 노력을 집중할 것인가가 중요한 문제라고 할 수 있다. 기업은 자신의 제한된 자원을 여러 곳에 분산시킴으로써 경쟁력을 약화시키는 것보다 가장 높은 수익이 보장될 것으로 예상되는 시장에 기업 자원을 집중시키는 것이 유리하다.

■ 해외시장 마케팅 제품

대부분 기업들이 해외시장에서 표준화된 단일 제품이나 서비스를 마케팅하고 싶어 하지만, 어느 정도 제품에 대한 적응 압력을 받는 경우가 많다. 제품적응화는 보통 소비자의 사용조건 · 기호 · 습관의 차이나 정부의 규제에 의해 이루어진다. 또 제품믹스의 다른 부문, 예를 들면 포장이나 브랜드에서의 수정을 요구하기도 한다.

■ 해외시장에서의 운영 방법

기업이 일단 해외시장을 선정하고 나서, 그곳에 경영 자원을 집중시키기로 결정하고, 또 무엇을 마케팅할 것인가를 결정했다면, 마지막으로 해외시장에서 운영을 어떻게 할 것인가를 결정해야 한다. 시장 진입방법과 현지 대리점 및 유통업체 활용 여부, 그리고 단독 자회사 설립과 같은 결정들도 심도 있게 고려해야 한다.

1-5 국제마케팅전략 프로세스

The international business process

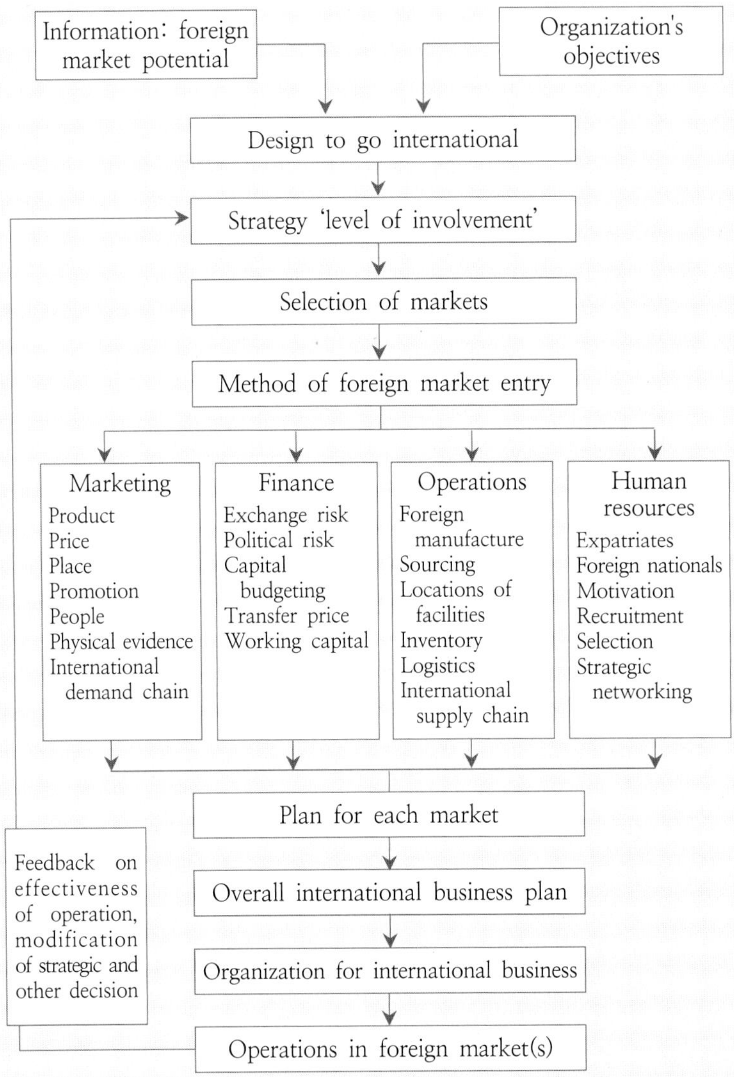

Source: Fifield P. & Lewis K. (2000) *International Marketing Strategy*, Butterworth-Heinemann.

국제마케팅전략 프로세스는 최초의 의사결정 과정부터 전략의 실행 및 조정까지 기업의 전체적인 국제경영 과정을 도식적으로 살펴봄으로써 이해할 수 있다. 국제경영, 즉 기업국제화의 주요 단계는 다음과 같다.[3)]

■ **정보 : 해외시장 잠재력**

국제화 또는 글로벌화를 위한 기업의 결정은 해외시장 잠재력에 대해 신뢰할 수 있는 정보를 바탕으로 이루어져야 한다.

■ **기업 목표**

마케팅관리자는 국제마케팅과 특정 시장의 선택이 기업의 미래를 위한 야망이나 목적과 일치하는지 평가하기 위해 먼저 기업 및 마케팅 목표를 명확하게 이해하고 있어야 한다. 일반적으로 기업들은 판매시장 개척, 생산입지 확보, 자원개발, 연구개발 등의 전략적 목적과 목표를 가지고 해외시장에 진출한다.

■ **국제화의 결정**

전략적으로 국제화를 추구하는 기업들과 우연한 기회에 해외 판매를 하게 되는 기업들은 시장접근 방식이나 조직 형태에 있어 상당한 차이가 있다. 기업은 국제화를 새로운 미래 창조를 위한 주요 활동으로 선택하고, 이를 성공적으로 수행하기 위해 필요한 자원들을 전략적으로 투입해야 한다.

■ **전략 : 시장개입 수준**

국제화를 추진하는 과정에서 기업의 첫 번째 전략적 결정은 국제시장에 얼마나 깊이 개입할 것인가를 정하는 것이다. 국제시장에 개입하는 수준은 수출, 합작투자, 해외마케팅 자회사 설립, 그리고 해외생산 및

3) Fifield P. & Lewis K. (2000) *International Marketing Strategy*, Butterworth-Heinemann.

마케팅까지 다양하다. 기업이 선택한 개입수준에 따라 기업의 마케팅 · 재무 · 운영 · 인사관리가 달라질 수밖에 없다.

■ 시장의 선택

기업의 시장 선택은 주로 시장의 잠재력 · 유사성 · 접근성에 의해 결정된다. 일반적으로 기업은 이러한 조건을 갖춘 단일 시장에 먼저 진출한 후, 국제경영 경험이 늘어나면서 인근의 다른 시장으로 기업 활동을 확대시켜 나간다.

■ 시장 진입방법

해외시장 진입을 위한 전략적 대안은 크게 수출 · 계약 · 해외직접투자로 구분할 수 있다. 기업이 어떤 대안을 선택하는가에 따라 마케팅믹스의 활동 정도가 달라진다.

■ 해외시장 계획

기업이 전략적 마케팅 활동을 성공적으로 수행하기 위해서는 목표시장에 가장 적합한 마케팅믹스를 먼저 결정해야 한다. 아울러 재무 · 운영 · 인사관리와 같은 기능들에 대해서도 다양한 계획들을 수립해야 한다.

■ 개별 시장을 위한 계획

기업이 해외시장에서 사업 운영이나 마케팅을 효과적으로 조정하기 위해서는 시장별로 상이한 마케팅 특성 및 고객 기대 수준에 따라 시장마다 차별화된 계획을 수립하는 것이 중요하다.

■ 종합적 국제경영 계획

기업이 국제경영 성과를 높이기 위해서는 다수의 개별시장 계획들을 통합하고 조정할 수 있는 종합적 국제경영 계획을 마련할 필요가 있다. 그 이유는 단일 시장이라서 상대적으로 쉽게 이해할 수 있는 국내 상황과 달리, 국제 상황은 훨씬 더 복잡하고 또 진입 수준에 따라 요구되는 자원들이 다양하기 때문이다.

■ 국제경영 조직

기업이 국제경영을 수행하는 데 조직구조가 큰 걸림돌이 될 수도 있다. 따라서 기업은 국제경영의 원활한 실행을 위해 기업 전략에 어울리는 적절한 조직을 구축하게 된다.

■ 해외사업 운영

기업이 해외사업을 운영하기 시작하면 이를 지속적으로 향상시키기 위해 합리적인 평가와 통제가 가능한 방법들을 마련하는 것이 무엇보다 중요하다.

INTERNATIONAL MARKETING STRATEGY

제Ⅱ부

분 석

제2장 해외시장 기회

제3장 해외고객

제4장 국제마케팅조사

제2장

해외시장 기회

2-1 국제무역 환경

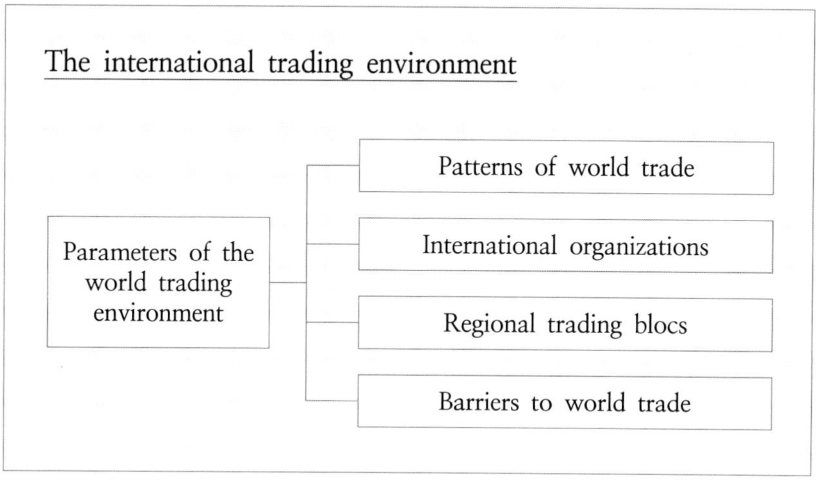

국제무역 환경은 기업이 해외시장 기회를 평가하기 위해 고려해야 할 주요 환경요인 중 하나이다. 그 이유는 기업들의 국제마케팅이 국제무역 환경의 틀 안에서 이루어지고 있기 때문이다. 따라서 기업이 효과적인 국제마케팅전략을 수립하기 위해서는 진출하고자 하는 지역의 국제무역 환경 요소들을 잘 이해할 필요가 있다.

국제무역 환경은 크게 국제무역 패턴, 무역관련 국제기구, 지역경제통합, 무역장벽 등으로 구분할 수 있다. 이 절에서 국제무역 패턴을 간단하게 살펴보고, 나머지 요소들은 다음 절에서 보다 더 구체적으로 살펴보고자 한다.

▪ 국제무역 패턴

국제무역 패턴은 시간의 흐름과 함께 변한다. 지금까지 국제무역의 흐름은 크게 북미·유럽연합·동아시아가 주도하고 있다. 매년 발표되는 통계들이 약간씩 차이가 있지만, 수출 및 GDP의 약 80% 이상을 이들 세 지역이 차지하고 있기 때문이다. 특히 이들 지역은 경제블록이 잘 구축되어 있다는 공통점을 가지고 있다.

무역의 흐름은 언제 어떻게 바뀔지 모른다. Goldman Sachs는 2003년 10월 세계경제전망 보고서를 통해 BRICs가 2050년에 경제대국으로 부상할 것이라는 전망을 했다. BRICs는 거대한 영토와 인구, 풍부한 자원을 보유하고 있는 브라질 · 러시아 · 인도 · 중국을 포함한 신조어다. 2010년 12월에 남아프리카공화국이 회원국으로 가입하면서 기존의 BRICs는 BRICS로 그 규모가 더욱 확대되었다.

최근 영국 경제주간지 Economist는 '2013 세계경제 대전망'을 통해 MIPs가 BRICs를 대신해 글로벌 투자자들의 이목을 끌 것으로 전망했다. MIPs는 몽골 · 인도네시아 · 필리핀을 의미하는 신조어다. Economist는 내년 몽골의 GDP 증가율이 세계 1위를 기록할 것으로 전망했고, 인도네시아와 필리핀의 GDP도 크게 증가할 것도 내다봤다. 결국 무역의 패턴은 시간의 흐름과 함께 변할 가능성이 크기 때문에 지속적인 분석이 요구된다.

2-2 무역관련 국제기구

International organizations to foster world trade

International bank for reconstruction and development	The primary purpose of the World Bank is to provide financial and technical help for the development of poorer countries.
International monetary fund	The main function is to provide short-term international liquidity to countries with balance of payments deficit problems enabling them to continue to trade internationally.
The world trade organization	The main aim of the WTO is to promote trade by: ▫ working to reduce tariffs ▫ prohibiting trade bans and quotas ▫ eliminating discrimination against foreign products and services ▫ eliminating other impediments to trade, commonly known as non-tariff barriers.

Source: Adapted from Doole, I. and Lowe, R. (2008) *International Marketing Strategy*, 5th edn, CENGAGE Learning EMEA.

■ IBRD(International bank for reconstruction and development)

IBRD는 1944년 브레튼우즈협정에 따라 IMF와 함께 설립되었으며, 1946년 6월부터 업무를 시작하였다. 세계은행(World Bank)이라고도 불리는 IBRD의 회원국이 되기 위해서는 IMF 회원국 가입을 전제로 한다. IBRD는 후진국 개발을 위한 재정적 · 기술적 지원을 주요 목적으로 하고 있다. 따라서 주로 후진국이나 개발도상국의 사회간접자본 · 인구계획 · 농업 · 교육 · 관광 · 통신 등 다양한 프로젝트를 위한 금융지원을 한다.

IBRD는 IBRD의 융자대상에서 제외된 프로젝트에 대해 유리한 조건의 융자를 해주는 IDA(International development assistant)와 개발도상국의 민영기업을 대상으로 융자를 해주는 IFC(International finance corporation)와 함께 세계은행그룹으로 불린다. IDA는 개발도상국의 경제개발 지원과 생활수준 향상을 위해 장기 저리의 개발자금을 공여할 목적으로 1960년에 IBRD의 계열사로 설립되었다. IFC는 개발도상국의 생산적인 민영기업의 발전을 촉진하기 위하여 설립된 투자기관이다.

■ IMF(International monetary fund)

IMF는 브레튼우즈협정에 근거하여 설립되었고 1947년 3월부터 업무를 시작하였다. IMF는 외환시세의 안정, 통화의 자유교환성, 국제유동성 원활화를 통해 통화 문제로 야기되는 무역장애를 제거함으로써 국제무역의 균형적인 발전을 도모하기 위해 설립된 국제금융기구이다. 주요 기능은 국제수지 적자국에 단기성 외화자금을 공여하여 국제통화제도의 안정을 도모하는 것이다. IMF가 국제금융시장에 개입한 대표적 사례로 1982년 중남미국가들의 채무불이행 위기, 1995년 멕시코 페소화 위기, 1997년 한국 및 동남아시아 외환위기 때 개입을 들 수 있다.

가맹국은 크게 8조국과 14조국으로 나누어진다. 8조국은 IMF 협정 제8조의 의무규정 준수를 수락한 국가를 말한다. 8조에서는 경상지불에 대한 환제한 철폐, 차별적 통화조치 철폐, 다른 외국 보유 잔고에 대한 교환성 부여 등 3가지 의무를 부과하고 있다. 14조국이란 IMF 협정 제14조의 의무 이행을 수락하고 잠정적으로 외국환 관리를 할 수 있는 국가를 말한다.

자금 재원은 크게 쿼터와 차입으로 이루어져 있다. 쿼터는 공동으로 출자·관리하는 회전기금의 조성을 위하여 가맹국이 출자하는 일정 규모의 할당액으로서 국민소득, 외화준비, 대외무역량, 그리고 정치적 배려에 의해 결정된다. 25%는 금으로 나머지는 자국 통화로 출자하는 것이 원칙이었으나 지금은 금 대신 특별인출권(SDR) 등으로 납입할 수 있다. IMF는 1968년에 국제유동성 부족을 해결하기 위해서 달러와 같이 언제라도 사용 가능한 준비 자산인 SDR을 창출하였다. 차입은 보충 재원이 필요한 경우 미국과 일본 등 주요 선진국들이 사전에 약정한 규모의 자국 통화를 공여하는 방식으로 이루어진다.

■ WTO

WTO 전신인 GATT(General agreement on tariffs and trade)는 1948년에 설립되었다. GATT는 하나의 기구가 아니고 조약이었기 때문에 신보호무역정책의 남용에 따른 국제무역환경 악화에도 불구하고 효과적인 대응책을 강구하지 못했다. 더구나 세계무역에서 점차 그 비중이 확대되어 가고 있는 서비스・해외직접투자・지적재산권 등과 같은 새로운 분야를 포괄할 수 있는 능력도 없었다. 결국 GATT체제를 보완하기 위한 우루과이 라운드(Uruguay round) 협상이 시작되었고 7년 동안의 긴 협상을 거쳐 1995년에 WTO체제가 출범하게 되었다.

WTO는 정식 국제기구로서 각료회의를 중심으로 일반이사회・무역이사회・위원회 등이 있고, 특별히 법적 구속력과 감시기능을 위해 분쟁해결기구와 무역정책검토기구를 운영하고 있다. 최고 의결기구인 각료회의는 2년에 한 번 개최되며 WTO협정하의 모든 문제에 대해 의결권을 갖는다. 일반이사회는 필요에 따라 회원국 간의 무역 분쟁을 해결하는 분쟁해결기구 또는 회원국들의 무역관련 정책 및 관행을 평가하는 무역정책검토기구 역할을 한다. 무역이사회는 상품교역이사회・서비스교역이사회・지적재산권이사회로 구분된다. 그리고 각료회의의 요구와 일반이사회의 필요에 적절히 부응하기 위하여 무역개발위원회・국제수지위원회・운영위원회 등을 두고 있다.

WTO의 주요 특징은 다음과 같다. 첫째, 관세를 대폭 인하하고 특정분야의 관세를 폐지하는 동시에 비관세장벽까지 폐지하기 위한 규제조항을 마련하였다. 둘째, 공산품 외에 농산품에 대한 규제도 도입하였다. 그리고 다자간섬유협정도 WTO체제 내로 흡수하고, 서비스교역 · 지적재산권보호 · 무역관련투자 등에 대한 규정도 강화하였다. 셋째, 공정 경쟁을 위해서 각종 보조금에 대한 규정을 명확히 하고, 정부로부터 보조금을 지원 받는 분야에 대한 규제를 강화하였다. 또 자국 산업 보호를 위한 반덤핑 조치의 발동 기준과 부과 절차 등을 명료화하였다. 마지막으로, 강력한 통제력을 가지고 있다. 분쟁이 발생하는 경우, GATT와 달리, 공권력을 동원하여 당사자의 의사에 반하는 판정을 내릴 수 있고, 이를 이행하지 않을 경우 광범위한 보복조치를 취할 수도 있다. 의사결정 방식에 있어서도 협의사항을 이행하지 않을 경우 회원국 3/4 이상의 찬성을 얻어 의사결정을 내릴 수 있는 다수결 원칙을 도입함으로써 신속한 의사결정이 가능하다.

2-3 지역경제통합

Five major forms of market agreement

Free trade area	This requires different countries to remove all tariffs amongst the agreement's members. NAFTA, AFTA
Customs union	In addition to requiring abolition of tariffs amongst the members, this further requires the members to establish common external tariffs. MERCOSUR
Common market	In this type of agreement, not only do members abolish internal tariffs amongst themselves and levy common external tariffs, they also permit free flow of all factors of production amongst themselves. ANCOM, CARICOM
Economic union	Under an economic union agreement, common market characteristics are combined with the harmonization of economic policy and member countries are expected to persue common fiscal and monetary policies. EU
Political union	This includes the characteristics of economic union and requires, additionally, political harmony amongst the members.

Source: Adapted from Doole, I. and Lowe, R. (2008) *International Marketing Strategy*, 5th edn. CENGAGE Learning EMEA.

지역경제통합이란 회원국 간 무역장벽을 철폐하여 역내무역을 증진시키고 비회원국에 대해서는 차별적인 무역정책을 취함으로써 회원국의 이익을 보호하기 위한 지역 간 경제블록을 의미한다. 지역경제통합은 일반적으로 규모의 경제 효과와 무역창출 효과를 발생시킨다.

■ **자유무역지역**(Free trade area)

가맹국 간 관세 철폐로 역내 자유무역을 보장하고 비가맹국에 대해서는 각국의 독자적인 관세 및 무역정책을 실시하는 경제연합을 의미한다. 대표적인 사례로 AFTA(Asian free trade area)와 NAFTA(North american free trade area)를 들 수 있다. 먼저 AFTA는 1967년 회원국 간 경제·사회·문화·기술면에서의 상호 협력을 목적으로 설립된 ASEAN(Association of south east asian nations)이 역내교역 확대 등을 위해 2008년에 창설한 경제통합이다.

NAFTA는 1988년 미국과 캐나다 간에 체결된 자유무역협정에 1991년 멕시코가 가세하면서 확대된 북미 지역 경제통합이다. 미국은 멕시코의 저렴한 임금과 풍부한 노동력을 이용함으로써 산업경쟁력을 제고하고 멕시코 시장에 대한 접근을 용이하게 하는 데 목적이 있다. 멕시코는 미국 시장에 대한 접근을 용이하게 하고 미국으로부터 자본 및 기술을 도입하여 경제 발전을 가속화하는 데 그 목적이 있다. 캐나다는 멕시코 상품이 미국 시장을 잠식하게 될 것이라는 판단아래 미국과의 자유무역협정에서 확보한 기득권을 지키기 위해 NAFTA에 참여하고 있다.

■ **관세동맹**(Customs union)

관세동맹이란 역내 자유무역과 함께 비가맹국에 대해 공동관세 및 공동무역정책을 실시하는 경제통합을 의미한다. 오늘날 관세동맹을 찾아보기가 쉽지 않지만, 대표적인 예로 MERCOSUR(MERCADO Commum Delsu)를 들 수 있다. LAIA를 통한 중남미 경제통합이 부진하자 아르헨티나와 브라질이 1985년에 새로운 경제통합의 추진을 선언하였다. 그 후 양국에 대한 경제의존도가 높은 우루과이·파라과이·베네수엘라가 동참하였다. 그리고 칠레·볼리비아·콜롬비아·에콰도르·페루가 MERCOSUR와 자유무역협정을 맺고 있다. 지리적 규모로 보면 EU의 네 배나 되는 거대한 경제통합이다.

■ **공동시장**(Common market)

공동시장은 관세동맹이 가진 특징 외에 노동과 자본 등 생산 요소의 가맹국 간 자유로운 이동이 보장되는 경제통합을 의미한다. 대표적인 예로 ANCOM(Andean common market)과 CARICOM(Caribbean community and common market)을 들 수 있다. 먼저 ANCOM은 LAFTA가 역내 경제대국 등에 의해 일방적으로 운영되는 것에 반발한 안데스 5개국(볼리비아 · 콜롬비아 · 페루 · 에콰도르 · 칠레)이 공동시장을 목표로 1969년에 창설하였다. 1973년에 베네수엘라가 가입하였고, 1976년에 칠레가 탈퇴하였다. 이들은 1990년에 공동시장을 창설하기로 합의하였고, 1991년에는 콜롬비아 · 베네수엘라 · 멕시코 간에 자유무역지역을 설치하기로 합의한 바 있다.

CARICOM은 카리브 연안 13개 도서국들이 1973년 역내 저개발국에 대한 우대조치를 강화하기 위해 기존의 CARIFTA를 해체하고 설립한 공동시장이다. 회원국은 트리니다드토바고 · 바베이도스 · 기아나 · 자메이카 · 그라나다 · 몬세라트 · 도미니카 · 세인트루시아 · 세인트빈센트그레나딘 · 세인트크리스토퍼네비스 · 벨리즈 · 바하마 · 앤티가바부다 등이다.

■ **경제동맹**(Economic union)

경제동맹은 공동시장에서 한 걸음 더나가 가맹국 간 산업 · 재정 · 통화정책 등 경제 전반에 걸쳐 공동 정책을 실시하는 경제통합을 의미한다. 대표적인 예로 2007년에 출범한 EU(European union)를 들 수 있다. EU의 출범은 곧 EU가 4억 6000만 명의 인구를 가지고 글로벌시장에서 강력한 경쟁력을 행사하는 거대한 경제블록이 되었다는 것을 의미한다.

■ **정치동맹**(Political union)

정치동맹이란 국가 간의 가장 궁극적인 시장협정으로서 완전한 정치통합을 의미한다. 지금은 사례를 찾아볼 수 없고, 과거 동구경제상호원조회의(COMECON : Council for mutual economic assistance)를 들 수 있다.

2-4 APEC

APEC(Asia pacific economic cooperation)

APEC is a forum amongst 21 member economies who border on the Pacific. It includes the NAFTA, Russia, South Korea, China, Japan, Chinese Taipei, Hong Kong as well as founding father Australia, New Zealand, Papua New Guinea, ASEAN Nations(7), Peru and Chile.

At its inception the aim was to provide a forum to discuss ways and means to build economic and trade cooperation. However, now, they are more ambitious and have clear objectives in three areas: (1) to develop and strengthen the multilateral trading system across APEC; (2) to increase the interdependence and prosperity of member economies; and (3) to promote sustainable economic growth in the region.

Source: Adapted from Doole, I. and Lowe, R. (2008) *International Marketing Strategy*, 5th edn. CENGAGE Learning EMEA; www.apec.org.

APEC은 아시아태평양지역 국가들 간의 경제포럼이다. 비록 지역경제 통합만큼 긴밀한 형태는 아니지만 그의 목적이나 규모로 보면 세계무역에 중대한 영향을 미칠 수 있는 주요 공동체라고 할 수 있다. 그 이유는 2013년 현재 회원국 21개국, 인구 26억 명이 넘는 거대 시장으로서, 세계 무역 및 GDP의 과반을 담당하고 있기 때문이다.

1989년 출범 당시만 해도 APEC은 지역 경제협력 방법 등을 논의하던 비공식 협의체였다. 하지만 1991년 제3차 서울각료회의에서 APEC의 목표 및 활동 범위를 규정한 '서울선언'을 채택한 이후, 1992년 제4차 방콕회의에서 공식적인 국제기구로 발전하였다. 그리고 궁극적으로는 회원국 간 시장 개방과 자유무역을 통한 지속적 경제 성장과 번영을 주요 목표로 삼고 있다.

2-5 무역장벽

Barriers to world trade

Tariffs
A tax placed on an imported or exported good involved in international trade. ▫ ad valorem duty ▫ specific duty ▫ compound duty

Quantitative restrictions
Trade barriers that impose a numerical limit on the quantity of a good that may be imported or exported. ▫ quotas ▫ numerical export control ▫ embargoes ▫ voluntary export restraints

Restrictive practices
Government laws, regulations, polices or procedures that impede international trade. ▫ product and testing standards ▫ restricted access to distribution networks ▫ public-sector procurement polices ▫ local-purchase agreements ▫ regulatory controls ▫ currency controls ▫ technical specifications ▫ customs-entry procedure(AEO: Authorized economic operator)

Source: Adapted from Doole, I. and Lowe, R. (2008) *International Marketing Strategy*, 5th edn. CENGAGE Learning EMEA.

국제마케팅 활동에 중대한 영향을 미치는 무역장벽은 크게 관세장벽(Tariff barriers)와 비관세장벽(Non-tariff barriers)으로 분류할 수 있다. 관세는 국가가 관세 영역을 통과하는 물품에 부과 및 징수하는 조세로서, 과세 방법에 따라 종가세(Ad valorem duty)와 종량세(Specific duty), 그리고 이들을 결합한 혼합세(Compound duty)로 구분한다.

비관세장벽은 수입국 정부가 관세 이외의 방법으로 수입품을 차별함으로써 수입을 억제하는 규제를 의미한다. 비관세장벽은 종류가 다양할 뿐만 아니라 내용도 복잡하다. 대표적인 예로 수입할당제 · 수출자율규제 · 수입과징금 · 수입예치금 · 수입금지제 · 정부조달정책 · 현지구매협약 · 기술적 표준 · 통관절차 등을 들 수 있다. 이 외에도 수출 및 생산보조금과 같은 수출지원 정책도 수입을 억제하는 효과 때문에 비관세장벽에 포함시킬 수 있다.

미국세관은 9 · 11테러 이후 안전을 목적으로 통관심사를 매우 엄격하게 시행하고 있다. 이로 인한 통관절차의 지연을 해소하기 위해 세계관세기구(WCO)가 AEO(Authorized economic operator)라는 '수출입안전인증업체' 제도를 도입하였다. 따라서 AEO 인증을 받은 업체들은 그만큼 통관절차가 용이하다. 하지만 법규준수 · 내부통제시스템 · 재무건정성 · 안전관리 등 인증조건이 까다롭기 때문에 새로운 제도가 오히려 미국이나 유럽으로의 수출을 어렵게 만드는 비관세장벽이 될 수도 있다. AEO 적용대상에는 제조업체 · 수입업체 · 관세사 · 운송업체 · 중계인 · 항구 · 공항 · 배송업체 등 모든 무역관계자들이 포함된다.

2-6 거시환경

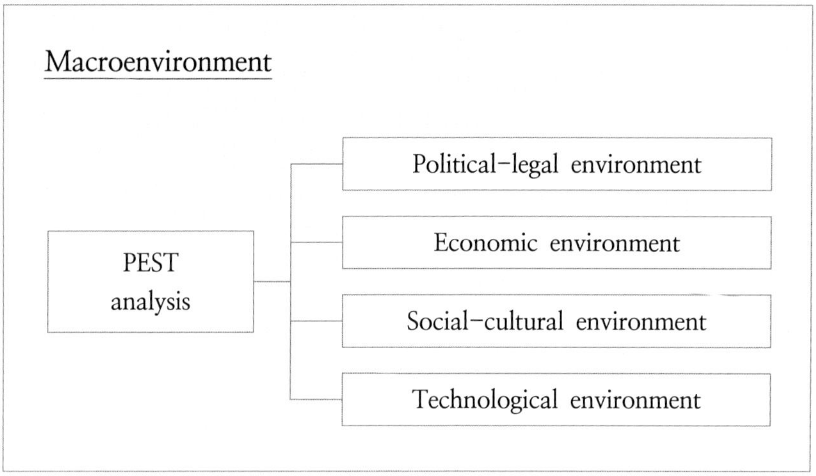

거시환경은 기업이 참여하는 산업의 종류에 관계없이 모든 기업들의 경영활동에 영향을 줄 수 있는 환경을 의미한다. 반면, 미시환경은 특정 산업에 참여하는 기업들에게만 영향을 미치는 환경을 의미한다. 해외시장 기회를 찾기 위한 외부환경 분석 절차는 일반적으로 거시환경에서 미시환경 순으로 이루어진다.

거시환경은 일반적으로 기업이 통제하기 어려운 요인들로 구성되어 있다. 구성 요인의 종류가 다양할 뿐만 아니라 그 내용들도 복잡하다. 하지만 다음과 같이 정치·법적 환경(Political-legal environment), 경제적 환경(Economic environment), 사회·문화적 환경(Social-cultural environment), 기술 환경(Technological environment) 등 네 가지로 구분할 수 있다.[1] 다음 절에서는 이들 각각의 환경 요인을 구성하고 있는 세부 변수들을 좀 더 구체적으로 살펴보고자 한다.

---

1) 김길성 (2009), 「경영전략」, 전남대학교출판부.

2-7 정치 · 법적 환경

Political-economic systems

		Resource allocation	
		Market	Command
Resource ownership	Private	Market capitalism	Centrally planned capitalism
	State	Market socialism	Centrally planned socialism

Source: Keegn W. J. and Green M. C. (2011) *Global Marketing*, Prentice Hall.

일반적으로 정치 · 법적 환경요인에는 정치체제 · 대외경제정책 · 외교정책 · 재정정책 그리고 다양한 법과 규제 등이 포함된다.

■ 정치체제

정치체제는 경제시스템과 깊게 관련되어 있다. 경제시스템은 크게 시장자본주의 · 중앙계획사회주의 · 중앙계획자본주의 · 시장사회주의로 구분할 수 있다. 이러한 분류는 자원의 분배방식(시장 대 명령)과 자원의 소유형태(개인 대 국가)에 의해 구분된다.[2)]

2) Keegn W. J. and Green M. C. (2011) *Global Marketing*, Prentice Hall.

■ 대외경제정책

대외경제정책은 무역 · 투자 · 외환 · 관세 · 산업 등에 관한 정부 정책을 의미한다. 기업의 수출입 활동과 수익 및 잉여금의 송금을 보장하고, 외환 안정과 낮은 관세율 유지를 위해 정책적으로 노력하는 국가는 그만큼 시장기회가 많고 매력적이라고 평가할 수 있다. 최근에는 국가 간 지역경제통합이 늘어나면서 기업들의 국제 사업도 더욱 활발해지고 있다. 대표적인 경제통합으로 동남아국가연합(ASEAN) · 북미자유무역협정(NAFTA) · 남미공동시장(Mercosur) · 유럽연합(EU) 등이 있다.

■ 재정정책

재정정책이란 국민경제의 안정적 성장을 위해 정부지출이나 조세율을 변화시키는 정책을 말한다. 순수한 의미로는 통화 공급의 변화를 초래하지 않는 재정지출이나 조세의 변화를 의미한다.

■ 노동 관련 법규

기업이 특히 직접투자를 선택해 해외시장에 진출하는 경우 현지 근로자의 질적 · 양적 수준과 임금상승률 등을 고려하고 종업원의 고용 · 교육 · 해고 등의 자율권이 보장되는지 확인해야 한다. 시장규모가 클지라도 현지에서 노무관리의 어려움 때문에 철수하는 다국적기업들이 많기 때문이다.

2-8 법률시스템과 정치적 위험

Legal system and political risk

Differences in legal systems
The legal systems used by the world's countries vary dramatically. The former British colonies follow the common law tradition of the United Kingdom, while most other Western countries use the civil law system that originated with the Romans. A few countries, such as Iran and Saudi Arabia, use religious law, while centrally planned economies use bureaucratic law.

Political risk
International business operating in foreign environments is also subject to political risks. Political risks are defined as any changes in the political environment that may adversely affect the value of the firm's business activities. Most political risks can be divided into three categories: ownership risk, operating risk and transfer risk.

Source: Adapted from Griffin R. W. and Pustay M. W. (1999) *International Business*, 2nd edn. Addison-Wesley Publishing Company.

앞에서 살펴본 바와 같이, 기업의 국제마케팅에 영향을 미치는 정치·법적 환경요인은 다양하다. 특히, 국가 간의 상이한 법적 시스템이나 정치적 위험은 기업의 해외시장 진출뿐만 아니라 현지 운영 등 여러 가지 측면에서 중대한 영향을 미친다. 현지국의 법률시스템은 다음과 같이 관습법·성문법·종교법·관료법 등으로 구분할 수 있다.

■ **관습법**(Common law)

관습법은 선례구속성의 원리에 기초한다. 선례구속성이란 특정 문제에 대한 과거의 법률적 판결이 이후 동일한 문제에도 적용되는 구속성을 의미한다. 미국・영국・캐나다・오스트레일리아・뉴질랜드・인도・말레이시아 등의 국가들이 관습법을 채택하고 있다.

■ **성문법**(Civil law)

성문법은 법규로 명문화되어 일정한 형식 및 절차를 거쳐 공포되는 제정법이다. 한국・일본・유럽 등 많은 국가들이 법률시스템의 근간으로 삼고 있다.

■ **종교법**(Religious law)

종교법은 종교적 계율에 입각한 법으로, 이란과 사우디아라비아 등이 채택하고 있다. 대표적인 종교법으로 이슬람법과 힌두법 등을 들 수 있다.

■ **관료법**(Bureaucratic law)

관료법은 공산주의 국가나 독재 국가에서 흔히 볼 수 있는 법률 체계로, 권력자의 말이 곧 관료법이라고 할 수 있다.

정치적 위험은 기업의 국제경영 활동에 부정적 영향을 미칠 수 있는 정치적 환경의 빈번한 변화라고 정의할 수 있다. 정치적 위험은 현지 시장의 정치적 불안정성이 국제기업의 이익에 미치는 영향력 측면에서 소유위험・운영위험・이전위험 등으로 구분할 수 있다.

■ **소유위험**(Ownership risk)

소유위험은 현지 정부가 외국 기업의 소유권과 통제권을 박탈하거나 제한하고자 하는 위험으로, 재산몰수(Confiscation)나 재산수용(Expropriation) 등을 들 수 있다. 국유화(Nationalization)는 수용보다 좀 더 광범위한 개념이다. 일반적으로 국제법은 국민의 목적에 부합하고 적절한 보상이 이루어지는 국유화를 정부의 합법적인 권력행사로 인식한다.

■ **운영위험**(Operating risk)

운영위험은 외국 기업의 소유권 비율이나 제품 특성 등을 규제함으로써 생산과 마케팅 등 경영 활동을 제약하려는 현지 정부의 규제정책으로부터 발생한다.

■ **이전위험**(Transfer risk)

이전위험은 외국 기업의 자금유출을 제한하려는 정부 규제에 따라 발생하는 불확실성을 의미한다. 현지 시장으로부터의 과실송금 제한 등을 예로 들 수 있다.

2-9 경제적 환경

Factors of economic environment

GNI	The World Bank has developed a four-category classification system that uses per capita GNI as a base. The categories are divided into Low-income countries, Lower-middle-income countries, Upper-middle-income countries and High-income countries.
Balance of payments	The balance of payments is a record of all economic transactions between the residents of a country and the rest of the world.
Foreign exchange rate	Like the prices of other commodities, the prices of foreign exchange rate is set by demand and supply in the marketplace.

경제적 환경 요인에는 국민소득 · 경제성장률 · 물가상승률 · 실업률 · 국제수지 · 금리 · 환율 · 에너지가격 등 다양한 변수들이 포함된다. 여기에서는 국민소득 · 국제수지 · 환율을 중심으로 경제적 환경요인을 살펴본다.

■ **국민소득**(GNI : Gross national income)

세계은행은 1인당 국민소득을 기준으로 개별 국가 시장을 네 개의 그룹(저소득 국가 · 중하위소득 국가 · 중상위소득 국가 · 고소득 국가)으로 구분하였다. 일반적으로 소득 수준이 높은 국가일수록 시장 기회가 많지만, 소득이 낮은 후진국이나 개발도상국도 마케팅 기회의 장기적 개발이 가능하다.[3]

3) *Ibid*.

■ **국제수지**(Balance of payments)

국제수지란 통상 1년 동안 일국의 거주자와 비거주자 사이에 발생한 모든 국제거래를 체계적으로 분류해서 기록한 집계를 의미한다. 국제수지는 크게 경상수지(Current account)와 자본·금융계정(Capital & financial account)으로 구분된다. 경상수지는 상품수지·서비스수지·본원소득수지·이전소득수지를 포함한다. 자본·금융계정은 자본수지와 직접투자·증권투자·파생금융투자·기타 투자·준비자산을 포함한다. 따라서 기업들은 국제수지를 통해 목표국가의 시장상황 등 개략적인 경제상황을 판단할 수 있다.

한편 국제수지표 상의 수지(balance)와 계정(account)은 내용상 차이가 있다. 수지는 부채 증가 없이 자산을 증가시키는 항목으로, '흑자' 또는 '적자'로 표시한다. 계정은 자산과 부채를 동시에 증가시키는 항목으로서 '유입초' 또는 '유출초'로 표시한다.

■ **환율**(Foreign exchange rate)

환율이란 자국 통화와 외국 통화 간의 교환 비율을 의미한다. 환율은 외환시장에서 관련 통화에 대한 수요와 공급에 의해서 결정된다. 외환에 대한 수요와 공급은 항상 변하기 때문에 환율도 지속적으로 변한다. 통화가 서로 다른 국가 간의 거래에서 환율의 변화는 환리스크 문제를 발생시킬 뿐만 아니라 국제상품 가격에도 상당한 영향을 미친다. 따라서 환율은 시장 기회를 평가하는 데 중요한 요인이라고 할 수 있다.

2-10 산업구조 유형

Types of industrial structures

Subsistence economies	with few opportunities for marketers like Papua New Guinea.
Raw-material-exporting economies	with good markets for equipment, tools, supplies and luxury goods for the rich like Saudi Arabia.
Industrializing economies	where a new rich class and a growing middle class demand new types of goods like India and Egypt.
Industrial economies	which are rich markets for all sort of goods like countries in Western Europe.

Source: Adapted from Kotler P. and Keller K. L. (2009) *Marketing Management*, 13th edn. Pearson Prentice Hall.

현지국의 경제적 환경은 국가의 산업구조를 결정할 만큼 중요한 거시 요인 중 하나이다. 산업구조는 소득분포에 따라 다음과 같이 구분할 수 있다.[4)]

▪ 생존 경제(Subsistence economies)

국제 기업에게 마케팅 기회가 거의 없는 산업구조 형태이다.

---

4) Kotler P. and Keller K. L. (2009) *Marketing Management*, 13th edn. Pearson Prentice Hall.

■ **원자재 수출 경제**(Raw-material-exporting economies)

부자들을 위한 사치품 등의 마케팅에 유리한 산업구조이다. 대표적인 예로 사우디아라비아와 같은 국가를 들 수 있다.

■ **산업화 경제**(Industrializing economies)

인도나 이집트와 같이 신흥부자와 중산층 등이 새로운 유형의 재화를 요구하는 산업구조이다.

■ **산업 경제**(Industrial economies)

미국이나 유럽과 같이 모든 종류의 재화를 마케팅하기에 유리한 산업구조를 말한다.

2-11 사회 · 문화적 환경

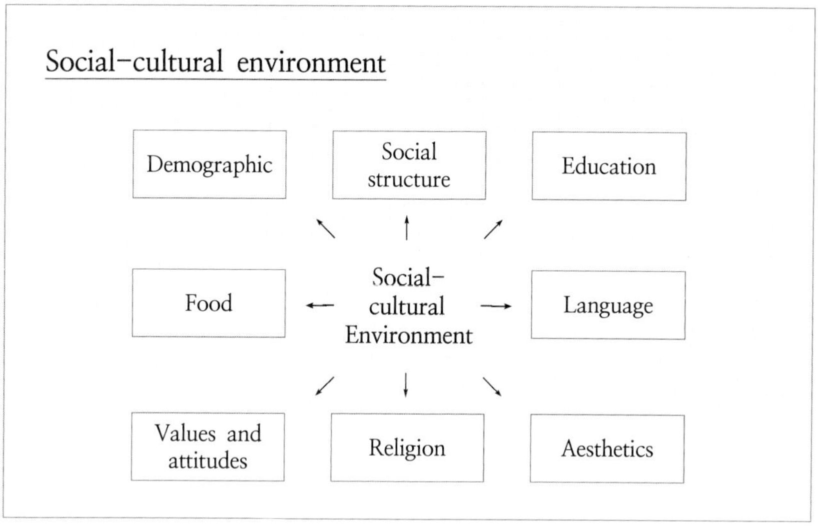

국가 간 사회 · 문화적 환경의 동질성과 이질성은 기업이 해외시장 기회를 판단하는 데 중요한 영향을 미친다. 일반적으로 국제기업들은 상이한 문화적 배경을 가진 시장에서의 경영 활동에 어려움을 겪는다. 그 이유는 문화권에 따라 개인과 조직의 특성이나 욕구가 크게 달라지기 때문이다. 개인과 조직의 행동 및 기대에 영향을 미칠 수 있는 국가 간 문화적 요소는 그 종류만 수십 가지이다. 대표적인 사회 · 문화적 환경 요인으로 인구통계 · 사회제도 · 교육 · 언어 · 미학 · 종교 · 가치관 · 음식 등을 꼽을 수 있다.

■ 인구통계(Demographic)

인구통계 추이는 해외 사업을 추진하고자 하는 기업이 가장 먼저 고려해야 할 사회적 요인 중 하나이다. 먼저 인구 규모는 목표 국가의 시장잠재력을 판단하는 데 가장 유용한 변수이다. 최근 BRICs가 유망시장으로 부상하고 있는 주요 이유 중 하나는 바로 이들이 가진 거대한 인구 규모 때문이다. 지역 · 연령 · 성 · 직업별 인구분포 또한 기업의 각종 경영

의사결정에 중대한 영향을 미칠 수 있다. 인구증가율 역시 장기적인 관점에서 시장 기회를 판단하는 데 중요한 변수라고 할 수 있다.

■ **사회제도**(Social structure)

사회제도란 사람과 사람 간의 연관성을 맺는 다양한 방법이라고 말할 수 있다. 사회제도는 특정 국가에서 통용되는 사회계급 및 사회조직을 포괄하는 개념으로 지역 및 문화권별로 큰 차이가 있다. 사회계급은 신분·교육·부·직업 등에 따라 구분되며, 관념·태도·생활방식 등에서 계급 간에 큰 차이를 보인다.

사회조직은 혈연·지연·직업·신앙·성별 등을 기준으로 구분된다. 인간관계의 가장 기본적 조직인 가족은 크게 핵가족 제도와 대가족 제도로 분류된다. 미국은 부모와 미혼 자녀까지만 가족 범주에 포함시키는 핵가족 제도가 보편화되어 있는 반면, 힌두교 국가는 대가족 제도가 일반화되어 있고 가족 최고 연장자인 조부모가 의사결정권을 갖는다. 또 사회조직 내에 남녀차별이 존재하는 국가들도 많다. 회교사회에서는 남성의 역할이 지배적인데 반해, 여성은 제한된 역할만 수행한다. 반면, 유럽이나 북미 국가에선 남녀평등 사상이 강하다.

■ **교육**(Education)

교육이란 일반적으로 다양한 형태의 교육기관을 통해 지식·기술·정보·아이디어뿐만 아니라 문화와 전통을 전수받는 일체의 과정을 의미한다. 교육제도는 일국의 문맹률뿐만 아니라 경제발전 및 문화적 변화에도 중대한 영향을 미친다. 이러한 영향은 결국 현지 종업원에 대한 인사관리를 포함해 현지 시장에서 제품이나 광고와 같은 국제마케팅 활동에도 영향을 미치게 된다.

■ **언어**(Language)

주요 의사소통 수단인 언어는 그 안에 현지 문화를 내포하고 있는 경우가 대부분이다. 그래서 언어는 외국 문화를 이해하는 데 가장 기초적인 요소라고 할 수 있다. 하지만 언어는 종류가 많고 내용 또한 복잡하다는 특징을 가지고 있다. 유럽이나 캐나다와 같이 한 국가 내에서 두 가지 이상의 언어를 사용하는 경우도 있고, 인도와 같이 주 언어 외에 수많은 방언을 함께 사용하는 경우도 있다. 동일 언어권에서 같은 의미가 다른 언어로 표현되는 경우도 있다(예: truck - lorry, biscuits - cookies). 국내에서 사용하는 단어나 브랜드가 발음이나 내용상 문제를 일으키는 경우도 있다. 미국의 Colgate사는 스페인에서 자신의 브랜드가 '가서 목을 매 달아라'라는 명령어로 사용된다는 사실을 발견했다. 중국에서는 시계(Zhong) 발음이 '죽음'처럼 들리기 때문에 시계를 잘 선물하지 않는다. 따라서 국제경영 활동을 효과적으로 수행하기 위해서는 현지 언어의 문법뿐만 아니라 단어의 개념과 음운까지도 정확하게 이해할 필요가 있다.

한편 비언어 커뮤니케이션인 침묵 언어(silent language)에도 주의를 기울여야 한다. 침묵 언어는 행동(시간개념) · 접촉(상대방과의 대화 거리) · 보디랭귀지(제스처) 등을 포함한다. 한국인들은 일처리를 할 때 '빨리빨리'를 부지런하다는 의미로 받아들인다. 반면 중국인들의 행동은 '빨리빨리'보다는 '만만디'다. 그만큼 신중함을 중시한다는 의사표시이다. 대부분 국가에서 머리를 위아래로 끄덕이는 것은 긍정을 의미하지만 불가리아나 그리스 일부 지역에서는 부정을 의미한다.

■ **미학**(Aesthetics)

미학은 자연이나 예술 등에 담긴 미의 본질과 구조를 탐구하는 학문을 의미한다. 이것은 문화의 미적 감각과 취향 등과 관련되어 있으며, 예술 · 색채 · 형상 등으로 표현된다. 미학은 글로벌경영과 관련하여 특히 제품 및 포장 디자인 · 색채 · 음악(글로벌 광고 배경 음악) · 브랜드(글꼴) 등의 측면에서 중요한 의미를 갖는다.[5)]

5) 박주홍 (2012), 「글로벌전략」, 유원북스.

■ 종교(Religion)

종교는 인간의 가치관과 일상생활, 더나가 개인의 경제적 활동에도 중대한 영향을 미친다. 그 이유는 종교마다 추구하는 목표나 행동이 각기 다르기 때문이다. 예를 들어, 기독교는 물질적인 부의 축적을 근로의 성과로 인정하지만 이슬람교나 불교는 무욕을 최상의 목표로 삼기 때문에 물질의 소유를 경시하는 경향이 있다. 또 종교는 음식부터 결혼 · 장례 · 남녀차별 · 휴일 등 사회적 제도 및 관습에도 영향을 미친다. 예를 들어, 불교는 육식, 회교는 돼지고기, 힌두교는 쇠고기를 금기시 한다. 이와 같이 서로 다른 종교적 신념을 가진 사람들의 가치와 일상생활에 직접적인 영향을 미치는 종교는 글로벌기업의 현지 활동에도 중대한 영향을 미친다. 현재 지구상의 종교는 크게 기독교 · 불교 · 유태교 · 이슬람교 · 힌두교 등으로 구분할 수 있다.

□ 기독교

기독교는 예수그리스도의 사랑을 교의로 하는 종교이다. 기독교는 가톨릭과 개신교 등으로 구분할 수 있는데, 가톨릭은 이탈리아 · 브라질 · 스페인 · 프랑스 등에서 우세하고, 개신교는 미국과 캐나다 등에서 우세하다.

□ 불교

불교는 석가정각을 교의로 삼고 있으며, 동남아시아와 동북아시아에 확산되어 있다.

□ 힌두교

힌두교는 불교의 영향을 받아 윤회 · 업 · 해탈 등을 기본사상으로 하고 있다. 인도가 중심지이며 방글라데시나 스리랑카 등에 일부 전파되어 있다.

□ **유대교**

모세의 율법에 기초를 두고 있는 유대교는 이스라엘의 종교로서 민족 종교적 성격이 강하다.

□ **이슬람교**

Muhammad에 의해 완성된 이슬람교는 중동지역에 널리 분포되어 있다. Koran을 법학과 신학의 근본으로 삼고 있다.

■ **가치관과 태도**(Values and attitudes)

가치관이란 어떤 행동이 개인적 또는 사회적으로 다른 형태의 행동보다 바람직하다고 생각하는 지속적인 믿음 또는 감정이라고 정의할 수 있다.[6] 인간은 자신의 가치관을 기준으로 어떤 사물이나 상황 등을 대하는 태도를 형성하게 된다. 일반적으로 가치관은 종교나 오랜 기간 국민들에게 영향을 끼친 철학사상 등에 의해 형성된다. 예를 들어, 기독교 국가에서 부의 축적이 사회적 성공으로 평가받지만, 불교 국가에서는 물질의 소유를 경시하는 경향이 있다.

태도란 주어진 대상에 대해 일관된 방식으로 반응하는 경향을 의미한다. 태도는 중립적이지 않고 뚜렷하며, 지속적이고 일관성을 유지하는 특징을 가지고 있다. 특히 일·시간·부·변화·특정제품에 대한 개인의 태도는 매우 일관적이다. 예를 들어, 서구 사회에서는 대체로 직업의 귀천이 없지만 일부 국가에서 문을 중시하고 상업을 천시하는 경향이 있다.

가치관과 태도는 소비자의 구매행동에 중대한 영향을 미친다. 따라서 기업은 보다 더 효과적인 시장 기회 탐색을 위해 문화권에 따라 다른 양상을 보이는 가치관이나 태도를 철저하게 파악할 필요가 있다. 특히 태도는 선천적인 것보다는 학습되는 경향이 강하기 때문에 소비자들이

---

6) Keegn W. J. and Green M. C., *op. cit.*

자사 제품에 대해 호의적인 태도를 형성할 수 있도록 꾸준히 노력해야 한다.

■ 음식(Food)

Coca Cola나 McDonald's의 시장 진입을 미국의 문화적 침략이라고 표현하는 경우가 있다. 그 이유는 미국 문화의 상징이라고 할 수 있는 코크(Coke)나 햄버거가 진출하면서 현지 고유문화가 서구식 문화로 바뀌어버린 경우가 허다하기 때문이다. 대표적인 사례로 한국의 전통 다문화를 급속도로 서구화시켜버린 Starbucks를 들 수 있다.

이와 같이 음식은 일국의 문화를 가장 잘 반영하는 요소 중 하나이다. 그래서 매운 음식을 좋아하는 국민, 돼지고기나 쇠고기를 먹지 않는 국민, 밥보다 빵을 선호하는 나라, 패스트푸드가 잘 팔리는 나라 등과 같이 문화권에 따라 기호식품 및 식습관의 차이가 발생한다. 미국의 Subway는 인도 시장에 진출하면서 현지 소비자들에게 자사 샌드위치의 좋은 점을 교육시켜야만 했다. 그 이유는 인도 사람들이 빵을 별로 먹지 않기 때문이다.

미국의 Domino Pizza는 이탈리아 시장에서 실패한 대표적 사례로 손꼽힌다. 그 이유는 이탈리아 사람들이 Domino Pizza를 지나치게 미국적인 피자로 인식했기 때문이다. Domino Pizza는 토마토소스나 토핑을 너무 과하게 사용하는 편이다. 따라서 글로벌기업, 특히 식음료산업과 관련된 기업들은 음식과 관련된 문화적 배경을 철저히 이해할 필요가 있다.[7)]

---

7) *Ibid*.

2-12 기술 환경

Technological environment

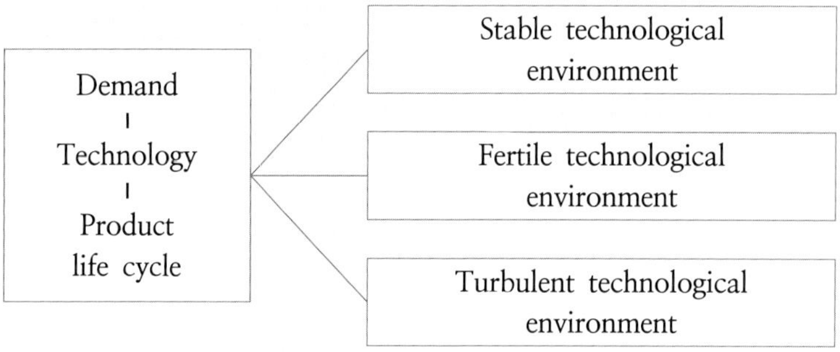

Source: Ansoff H. I. (1984) *Implanting Strategic Management*, Englewood Cliffs.

유엔무역개발위원회(UNCTAD)는 기술(Technology)을 생산에 반드시 필요한 투입물로서 기계 및 중간재를 포함한 자본재, 숙련되고 전문화된 인력 및 관리, 이용하기 쉽고 자산적 권리가 따르는 기술 및 상업상의 정보 등이 모두 포함되는 것이라고 정의한다.[8] 따라서 기술은 신제품 개발에 필요한 지식 및 정보의 총체로서, 기업들의 국제마케팅 활동에 중대한 영향을 미치는 환경적 요인이라고 할 수 있다. 기술과 국제마케팅 간의 관계에 대해서는 12장에서 다시 살펴보기로 한다.

기술이 기계 · 공정 · 엔지니어링 · 관리 · 마케팅 등 다양한 요소들을 포괄하고 있는 만큼 기술 환경을 구성하고 있는 요인들도 다양하다. 기술 환경에는 정보기술(IT), 첨단기술, 뉴미디어, 기술수명주기, 기술인력 양성을 위한 정부 및 학계의 연구개발(R&D : Research and development)

8) UNCTAD (1972) *Guidelines for the Study of the Transfer of Technology*, United Nations.

예산 등 기업 성과에 중대한 영향을 미치는 요인들이 포함된다. 예를 들면, 많은 글로벌기업들이 시장의 크기에도 불구하고 한국이나 일본을 매력적인 시장으로 평가한다. 그 이유 중 하나는 바로 인터넷 · SNS · 스마트폰 · 모바일 등 정보기술과 뉴미디어 분야의 기술적 환경이 매우 우수하기 때문이다.

일국의 기술 환경은 특정 제품 및 서비스에 대한 수요-기술-제품수명주기 관점에서 세 가지 환경, 즉 안정된 기술 환경 · 비옥한 기술 환경 · 거친 기술 환경으로 평가할 수 있다.[9)]

■ **안정된 기술 환경**

수요와 기술이 장기간 안정적으로 뒷받침되면서, 수요를 충족시킬 수 있는 소수의 제품들이 비교적 긴 제품수명주기를 가지고 안정적으로 판매되고 있는 상황을 의미한다.

■ **비옥한 기술 환경**

안정된 기술 환경과 같이 수요와 기술이 장기간 뒷받침되지만, 비교적 짧은 수명주기를 가진 제품들이 많이 존재한다. 그 이유는 제품개발이 성공을 위한 결정적 요인이기 때문이다. 따라서 기업들은 지속적인 제품개발을 위해 혁신을 해야만 한다.

■ **거친 기술 환경**

거친 기술 환경은 일정한 수요 하에 한 개 또는 그 이상 기초 기술의 대체가 이루어지는 특징을 가지고 있다. 이러한 환경에서는 시간의 흐름에 따라 기술수명주기가 하향하고, 따라서 빠르고 짧은 제품수명주기로 인해 제품 진부화의 위협이 문제가 된다.

---

9) Ansoff H. I. (1984) *Implanting Strategic Management*, Englewood Cliffs.

2-13 경쟁구조 분석

Five forces determining segment structural attractiveness

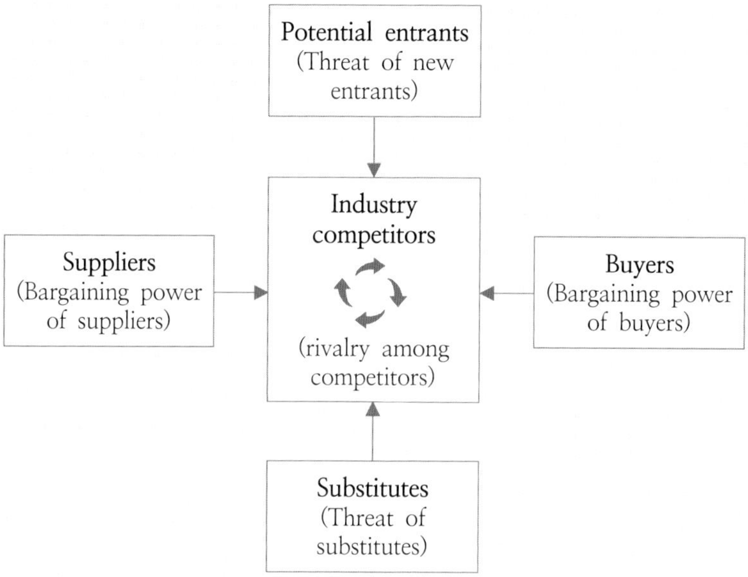

Source: Porter M. E. (1998) *Competitive Strategy : Techniques for Analyzing Industries and Competitors*, Free Press.

기업이 해외시장 기회를 창출하고 확대하는 데 영향을 미칠 수 있는 주요 요인 중 하나로 목표 시장에서 해당 산업의 경쟁구조를 들 수 있다. 그 이유는 산업의 경쟁구조를 분석함으로써 현지 시장의 매력도를 평가할 수 있기 때문이다. Porter는 시장의 구조적 매력을 결정하는 다섯 가지 요인으로 기존 경쟁자 · 공급자 · 구매자 · 대체품 · 잠재적 진입자 등을 제시하였다.[10]

---

10) Porter M. E. (1998) *Competitive Strategy: Techniques for Analyzing Industries and Competitors*, Free Press.

■ **기존 경쟁자**(Industry competitors)

산업 내 기존 경쟁자들 간의 경쟁 강도가 심할수록 시장매력도는 떨어진다. 특히 경쟁 능력이 유사한 기업들이 많고, 산업성장률이 완만하며, 제품차별화가 더딜수록 경쟁은 더욱 치열해진다.

■ **잠재적 진입자**(Potential entrants)

잠재적 기업의 진출 위협 또한 시장매력도 하락의 주된 요인이다. 일반적으로 잠재적 기업의 신규 진입이 자유로울수록 경쟁은 더욱 치열해지고 수익률은 저하된다. 따라서 이런 경우에는 진입장벽과 기존 기업들의 대응이 중요한 역할을 한다.

■ **공급자**(Suppliers)

공급자가 가격 인상 등의 위협을 통해 교섭력을 발휘하는 경우 시장매력도는 하락한다. 공급 과점상태에서 대체품이 없고, 공급품이 차별화되어 있으며, 공급자의 전방통합 가능성이 높을수록 공급자의 교섭력은 강해진다.

■ **구매자**(Buyers)

구매력이 큰 구매자가 가격 인하나 품질 향상을 요구하는 경우 기업의 수익성이 떨어진다. 일반적으로 제품차별화가 더딘 상황에서 구매자의 전환비용(Switching cost)이 낮고, 후방통합 가능성이 높을수록, 그리고 구매정보량이 클수록 구매자의 교섭력이 커지면서 시장매력도가 떨어진다.

■ **대체품**(Substitutes)

대체품의 압력이 커질수록 경쟁 상황이 더욱 악화된다. 특히 가격 및 효능 면에서 대체성이 향상되거나 대체품 산업의 이윤이 높은 경우에는 기업의 수익률이 저하된다.

■ **보완재**(Complements)

최근 Porter의 다섯 가지 요인 외에 새로운 경쟁자로서 보완재에 대한 관심이 높아지고 있다. 만약 제품의 가치를 더욱 향상시킬 수 있는 보완재의 공급자가 상당한 구매력을 가지고 가격 인상을 요구하게 된다면 기업의 수익성이 저하되면서 시장매력도도 함께 하락하게 될 것이다.

2-14 국제제품수명주기

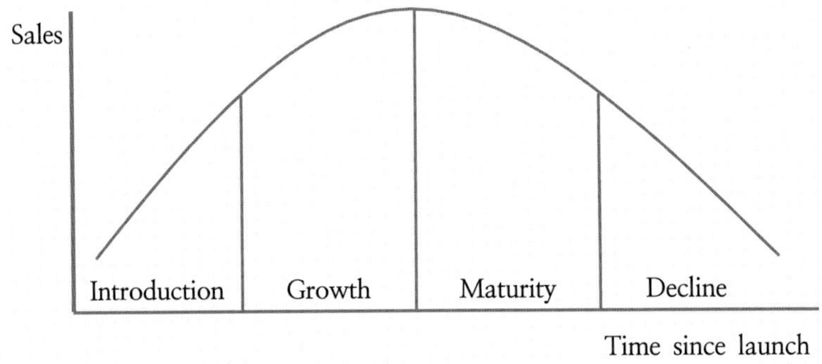

제품수명주기는 국내 시장에서 제품 포트폴리오를 관리하는 데 매우 유용하게 사용된다. 그 개념을 국가 포트폴리오 간의 제품 및 브랜드 관리를 위해 국제시장에 적용한다면 제품수명주기는 시장매력도 평가에도 유용한 분석모델이 될 수 있다.

기업들은 국제제품수명주기(International product life cycle)를 이용해 표적시장에서 제품의 변화 추이나 기술 동향을 효과적으로 파악할 뿐만 아니라 다양한 국제마케팅전략을 수립할 수도 있다. 예를 들면, 국가별 제품수명주기의 차이를 통해 새로운 시장 기회를 포착할 수 있고, 제품수명주기가 유사한 국가들을 하나의 세분시장으로 묶어 표준화전략을 개발할 수도 있다. 그리고 수명주기를 근거로 신제품 개발 시기나 시장 철수시기를 결정하는 데도 활용할 수 있다.

일반적으로 제품수명주기는 시장진입 초반의 도입기를 지나 수요가 급증하는 성장기에 이르게 되고, 이후 제품의 성장은 성숙기를 거쳐 수요가 급감하는 쇠퇴기를 맞이하게 된다. 제품수명주기는 단계별로 경쟁·수요·기술·마케팅전략 등에서 큰 차이를 보인다.

■ **도입기**(Introduction stage)

혁신제품 및 서비스가 시장에 처음 소개되는 단계이다. 제품 및 서비스에 대한 수요는 혁신층이나 조기채택층 중심으로 이루어지고 매출 및 경쟁이 미미하다.

■ **성장기**(Growth stage)

제품 개량 및 공정 혁신이 이루어지면서 수요와 매출이 급속하게 증가하고, 아울러 신규업체의 시장 진입이 확산되면서 경쟁도 치열해진다. 이때 경쟁력이 없는 기업이나 제품이 도태되면서 산업의 재편이 이루어진다.

■ **성숙기**(Maturity stage)

잠재 고객들까지 제품을 구매하면서 매출액 증가율이 정체되는 단계이다. 또 치열한 경쟁과 함께 기업들의 마케팅전략이 공격적으로 변하면서 기업이익이 정체 또는 하락한다.

■ **쇠퇴기**(Decline stage)

기술 보편화와 가격 전쟁으로 인해 매출액과 이익이 급속하게 감소함으로써 시장에서 철수하는 기업들이 증가한다.

제3장

해외고객

3-1 소비자 구매행동

Model of consumer behavior

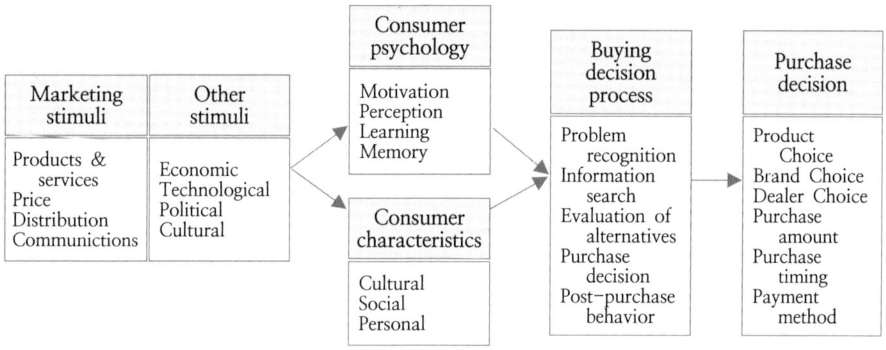

Source: Kotler P. and Keller K. L. (2009) *Marketing Management*, 13th edn. Pearson Prentice Hall.

국내외 시장을 불문하고 기업이 소비자행동을 분석하는 것은 고객중심 마케팅의 출발점이라고 할 수 있다. 따라서 기업이 고객지향적 마케팅전략을 개발하고 국제시장에서 성공하기 위해서는 가장 먼저 해외고객의 욕구와 행동을 충분히 이해할 필요가 있다. 소비자행동은 자극-반응 모델을 통해 체계적으로 이해할 수 있다. 일반적으로 기업의 마케팅활동과 환경 요인이 소비자를 자극하게 되면, 소비자의 심리적 요인들이 소비자의 특성과 결합한 후 구매의사결정과정을 거쳐 구체적인 구매결정으로 이어지게 된다. 다음 절부터 소비자에 초점을 맞추어 심리적 요인, 소비자 특성, 구매의사결정과정을 보다 더 구체적으로 살펴보고자 한다.

3-2 심리적 요인

Four key psychological process

Motivation	Motivation has both direction-we select one goal over another- and intensity-the vigor with which we pursue the goal.
Perception	Perception is the process by which we select, organize and interpret information inputs to create a meaningful picture of the world.
Learning	Learning induces changes in our behavior arising from experience.
Memory	All the information and experiences we encounter as we go through life can end up in our long-term memory-a more permanent, essentially unlimited repository.

Source: Kotler P. and Keller K. L. (2009) *Marketing Management*, 13th edn. Pearson Prentice Hall.

소비자의 구매행동은 제품에 대한 소비자의 심리적 요인에 의해 영향을 받는다. 소비자행동에 중대한 영향을 미치는 심리적 요인으로 동기·지각·학습·기억 등을 들 수 있다.

■ **동기**(Motivation)

대부분의 사람들은 다양한 니즈(Needs)를 가지고 있다. 어떤 것은 생리적인 것으로 허기·갈증·불안 등 심리적 긴장 상태로부터 발생한다. 또 어떤 것은 정신적인 것으로 타인으로부터 인정이나 존경, 또는 소속감에 대한 요구와 같은 심리적 긴장 상태로부터 발생한다. 소비자의 개인적 니즈가 강해지면 욕구(Wants)가 일고, 이 중 강한 욕구는 구매동기로 발전하며, 구매동기는 다시 소비자의 구매행동으로 연결된다. 동기부여는 특정 목표를 선택하는 방향과 그 목표를 보다 더 강하게 추진하는 강도를 지닌다.

Maslow는 사람들이 특정 시점에서 특정 요구에 의해 움직이는 이유를 잘 설명하고 있다.[1] 그는 인간의 니즈가 가장 급한 것부터 가장 덜 급한 것까지, 즉 생리적 니즈(Physiological needds) · 안전 니즈(Safety needs) · 사회적 니즈(Social needs) · 존경 니즈(Esteem needs) · 자아실현 니즈(Self-actualization needs)가 위계적으로 배열되어 있다고 주장하였다. 이 이론에 의하면, 사람들은 가장 기본적이고 중요한 니즈를 먼저 충족하려 하고, 그 다음 중요한 니즈를 순차적으로 충족하려고 한다.

니즈로부터 발전된 동기부여는 국가마다 차이가 있을 수 있다. 예를 들면, 미국 소비자들은 자전거를 레저 활동을 위해 구매하는 경우가 많다. 하지만 베트남에서는 자전거가 주로 교통수단으로 이용된다.

■ **지각**(Perception)

동기 유발로 인한 구매행동은 제품, 생산국, 그리고 직면한 상황에 대한 소비자의 지각에 의해 영향을 받는다. 지각이란 사람들이 투입된 정보를 선택 · 조직 · 해석해서 세상에 의미 있는 그림으로 만들어내는 과정이다.[2] 사람들은 동일한 상황에서도 선택적 주의(Selective attention) · 선택적 왜곡(Selective distortion) · 선택적 기억(Selective retention)과 같은 개인의 지각 과정 때문에 같은 대상도 다르게 받아들인다.[3]

특히 개인의 지각은 사람들이 속한 문화의 영향을 많이 받는다. 수프

---

1) Maslow A. (1954) *Motivation and Personality*, Harper & Row.

2) Berelson B. and Steiner G. A. (1964) *Human Behavior: An Inventory of Scientific Findings*, Harcourt Brace Jovanovich.

3) Kotler P. and Keller K. L. (2009) *Marketing Management*, 13th edn. Pearson Prentice Hall.

의 경우, 미국인들은 이미 조리되어 즉석에서 먹을 수 있는 것이어야 한다고 생각한다. 따라서 미국에서는 통조림수프가 일반화되어 있다. 반면 유럽인들은 수프를 주부가 조리해서 주식과 함께 먹는 것이라고 생각하기 때문에 유럽에서는 분말수프가 일반화되어 있다. 제품에 대한 지각 외에 원산지에 대한 지각도 국가마다 차이가 있다.[4]

■ 학습(Learning)

사람들은 행동하면서 학습을 한다. 학습과정이란 개인의 경험에서 비롯되는 사고와 행동의 발전적 변화를 의미한다. 차에 익숙해져 있던 영국인들이 제2차 세계대전 이후 미군들의 영향을 받아 커피를 애용하게 되는 것도 일종의 학습과정이다. 일반적으로 개인의 태도나 구매행동은 쉽게 학습되는 경향이 있다. 따라서 기업들은 국가 간 소비자들의 학습과정을 잘 이해할 필요가 있다.

■ 기억(Memory)

기억은 단기 기억과 항구적이고 무제한적 저장소인 장기 기억으로 구별할 수 있다. 연상네트워크 기억모델(Associative network memory model)에서는 장기 기억을 마디(Nodes)와 연결(links)들의 집합이라고 정의한다. 마디는 연결들에 의해 이어지는 저장 정보이며 어떤 형태의 정보든 기억 네트워크에 저장될 수 있다. 마디에서 마디로 확산되는 활성화 과정은 사람들이 얼마나 많이 생각하고 또 정보를 회상할 수 있는가를 결정한다. 따라서 상표 연상은 상표 마디와 연결된 모든 생각·느낌·이미지·경험·신념·태도 등으로 구성된다.[5]

마케팅 측면에서는 기억 과정과 기억 인출에 대해 유의할 필요가 있다. 특히 소비자의 용이한 기억 인출을 위해서 매장 내 인출 단서를 제공할 필요가 있다. 예를 들어, 화장품 매장 앞에 전시된 광고모델의 실물크기 사진은 효과적인 인출 단서라고 할 수 있다.

---

4) 이장로 (2008), 「국제마케팅」 5판, 무역경영사.

5) Kotler P. and Keller K. L., *op. cit*.

3-3 소비자 특성

Individual differences across cultures

Individualism	⇦ Social crientation ⇨	Collectivism
The interests of the individual take precedence	Relative importance of the interests of the individual vs. the interests of the group	The interests of the group take precedence
Power respect	**⇦ Power orientation ⇨**	**Power tolerance**
Authority is inherent in one's position with in a hierarchy	The appropriateness of power/authority within organizations	Individuals assess authority in view of its perceived rightness or their own personal interests
Uncertainty acceptance	**⇦ Uncertainty orientation ⇨**	**Uncertainty avoidance**
Positive response to change and new opportunities	An emotional response to uncertainty and change	Prefer structure and a consistent routine
Aggressive goal behavior	**⇦ Goal orientation ⇨**	**Passive goal behavior**
Value material possessions, money and assertiveness	What motives people to achieve different goals	Value social relevance, quality of life and the welfare of others
Long-term outlook	**⇦ Time orientation ⇨**	**Short-term outlook**
Value dedication, hard work and thrift	The extent to which members of a culture adopt a long-term or a short-term outlook on work and life	Value tradition, social obligations

Source: Griffin R. W. and Pustay M. W. (1999) *International Business*, 2nd edn. Addison-Wesley Publishing Company.

소비자의 구매행동은 소비자 특성, 즉 문화 · 사회 · 개인적 특성의 영향을 받는다. 이들 중 문화적 요인이 소비자행동에 가장 큰 영향을 미친다. 일반적으로 국제기업들은 이질적 문화 배경을 가진 시장에서의 마케팅 활동에 어려움을 겪는다. 따라서 기업은 소비자들의 개인적 욕구나 행동이 문화권에 따라 얼마나 다르게 나타나는지 국가 간 문화적 환경의 동질성과 이질성을 함께 이해할 필요가 있다.

Hofstede는 국가 간 문화적 환경의 동질성과 이질성을 다음과 같이 네 가지 차원에서 실증적으로 분석하였다.[6)]

■ **개인주의**(Individualism)

개인주의란 사람들이 자신과 자신의 직계 가족에 대해서만 관심을 갖는 성향을 말한다. 개인주의가 강한 국가일수록 내부집단과 외부집단을 엄격하게 구분하며, 내부집단에 대해서만 절대적인 충성심을 보인다. 미국이나 영국과 같은 국가들이 개인주의가 강한 반면, 한국이나 과테말라는 상대적으로 집단주의(Collectivism)의 성격이 강하다.

■ **권력거리**(Power distance)

권력거리란 어떤 기관이나 조직 내에서 불평등하게 분산되어 있는 권력을 사회가 받아들이는 정도를 말한다. 모든 사회가 다 평등하지는 않지만, 필리핀이나 말레이시아와 같은 국가들은 권력거리 차원에서 다른 국가들보다 상대적으로 더 불평등하게 나타난다. 반면 독일과 오스트레일리아 등의 국가들은 낮은 권력거리를 보인다.

■ **불확실성 회피**(Uncertainty avoidance)

불확실성 회피란 미래의 위험이나 불확실성을 회피하고자 하는 정도를 의미한다. 덴마크 · 스웨덴 · 미국 등과 같이 불확실성을 회피하려는

6) Hofstede G. (1980) *Culture's Consequences, International Differences in Work-Related Values*. Abridged Edition, SAGE.

정도가 약한 국가는 국민들이 미래에 대해 큰 위협을 느끼지 않으며 의견 충돌에도 크게 신경 쓰지 않는 경향이 강하다.

■ **남성성 대 여성성**(Masculinity-feminity)

이것은 일국을 지배하는 가치관이 얼마나 남성적 또는 여성적인가를 나타내는 척도를 의미한다. 남성과 여성의 역할을 명확히 구분하면서 독단적이고 경쟁적이며 성차별이 심한 국가를 남성다운 국가로, 성을 명확하게 구분하지 않으면서 정중하고 조심스러우며 성차별이 심하지 않은 국가를 여성다운 국가로 분류한다. 스페인과 스칸디나비아 국가들이 여성성이 강한 반면, 일본과 남미권의 국가들은 상대적으로 남성성이 강하다.

Hofstede는 최근의 연구에서 다섯 가지 차원의 변수들을 사용하여 문화권별로 다르게 나타나는 개인적 차이를 설명하고자 하였다.[7] 내용이 동일한 세 가지 차원을 제외하고 목표지향성과 시간지향성에 대해 살펴본다.

■ **목표지향성**(Goal orientation)

목표지향성은 사람들이 서로 다른 종류의 목표를 향해 일하도록 동기부여 하는 방식으로서, 공격적 목표행동과 수동적 목표 행동으로 구분한다. 공격적 목표 행동을 보이는 사람들은 물질적 소유・돈・독단성을 중요하게 생각하고, 이 문화권에서는 남녀의 역할을 다소 엄격하게 구분하는 경향이 있다. 일본인들이 상대적으로 강한 공격적 목표 행동을 보이고, 독일・멕시코・이탈리아・미국인들은 중간적 공격 성향을 보인다. 반면 수동적 목표 행동을 보이는 사람들은 사회적 관계, 생활의 질, 타인을 위한 관심 등에 가치를 부여한다. 네덜란드를 비롯한 북유럽 국가들이 상대적으로 강한 수동적 목표 행동을 보이는 경향이 있다.

---

7) Hofstede G. (1994) "The Business of International Business is Culture," *International Business Review*, Vol.3, No.1, pp.1-14.

■ **시간지향성**(Time orientation)

시간지향성은 한 나라의 문화가 미래에 중점을 두는 정도에 근거하여 장기지향성과 단기지향성으로 구분한다. 장기지향성은 목표를 추구 과정에서의 헌신, 성실 및 근검, 계층구조의 존중 등을 중요하게 고려하며, 한국과 중국 등 유교문화권 국가에서 높게 나타난다. 반면, 단기지향성은 전통의 존중, 사회적 책임, 체면유지 등을 중요하게 생각하며, 파키스탄이나 나이지리아 등의 국가에서 높게 나타난다.

3-4 구매의사결정과정

Five-stage model of the consumer buying process

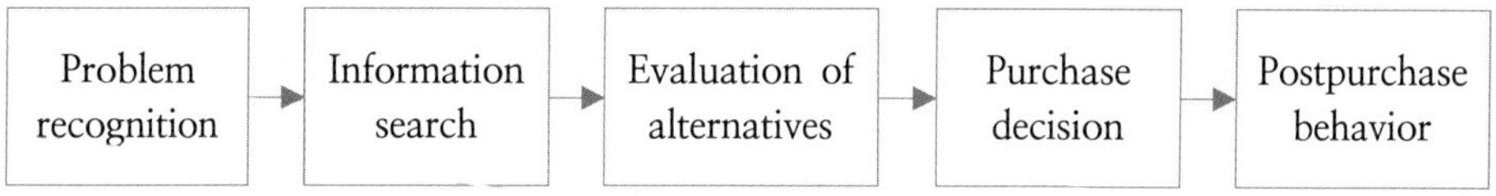

일반적으로 저관여(Low-involvement) 제품 및 서비스의 구매의사결정과정은 간단하다. 하지만 고관여(High-involvement) 제품의 경우 소비자의 구매의사결정과정이 문제 인식, 정보 탐색, 대안의 평가, 구매결정, 구매 후 행동의 다섯 단계로 이어지는 복잡한 구매행동을 보인다. 고관여 제품 및 서비스는 고가이고, 구매에 따른 위험 부담이 크며, 제품에 대한 중요도 및 관심도가 높아서 소비자들이 구매의사결정을 신중히 고려하는 특징을 가지고 있다.

■ **문제 인식**

구매과정은 구매자가 갈증이나 허기와 같은 내적 자극이나 기업의 마케팅과 같은 외적 자극에 의해 야기된 문제나 니즈를 인식하면서 시작된다. 니즈란 현재 상태와 이상적 상태 간의 괴리에서 발생한다. 그 괴리가 클수록 니즈의 강도가 강해진다. 따라서 기업은 소비자의 특별한 니즈를 발생시키는 상황 등을 명확하게 이해할 필요가 있다.

■ **정보 탐색**

소비자는 자신의 니즈를 충족시켜줄 제품의 정보를 탐색할 때 먼저 자신의 경험 및 기억과 같은 내부적 정보를 탐색하고, 이것이 만족스럽지 않을 때 광고와 같은 외부적 정보를 탐색하게 된다. 소비자의 정보원은 크게 네 가지 부류로 구분할 수 있는데, 개인적(가족 · 친구 · 지인 등), 상업적(광고 · 웹사이트 · 판매원 · 진열 등), 공적(대중매체 · 소비자단체 등), 경험적(제품 시용 및 사용) 원천 등이 있다. 기업은 국가별로 소비자의 주요 정보원을 파악하고 이들의 상대적 중요성을 평가한 후 효과적인 커뮤니케이션 수단을 개발해야 한다.

앞 절에서 언급한 바와 같이, 제품정보는 지각이라는 인지과정을 통해 받아들여진다. 개인의 지각은 선택적 주의 · 선택적 왜곡 · 선택적 기억과 같은 한계를 지니고 있기 때문에 구매자가 모든 정보를 다 받아들일 수 없다. 또 국가 간 문화적 차이로 인해 같은 대상을 다르게 지각하는 경우도 많다. 따라서 마케팅관리자는 정보의 홍수 속에서 필요한 정보가 소비자에게 가장 잘 지각되고 이해될 수 있는 방법을 선택해야 한다. 특히 자사 상표가 선택집합에 포함될 수 있도록 다양한 노력을 기울일 필요가 있다. 최근 정보량의 증가로 소비자들의 상표에 대한 지식이 증가하면서 전체집합을 대안평가에 포함하지 않기 때문이다. 일반적으로 상표의 집합은 전체집합(Total set) → 인지집합(Awareness set) → 고려집합(Consideration set) → 선택집합(Choice set) 순으로 좁혀진다.[8)]

▪ 대안의 평가

소비자들은 수집된 정보를 근거로 경쟁 상표들을 평가한다. 평가 방법은 크게 항목적 평가와 속성별 평가로 구분할 수 있다. 항목적 평가는 주로 상표 · 가격 · 원산지 등과 같은 주요 항목을 평가한다. 속성별 평가는 제품의 구체적인 속성을 평가한 후 종합 평가하는 방법이다. 제품 속성은 본질적 속성과 부수적 속성으로 나눈다. 본질적 속성은 제품 자체의 물리적 속성(색깔 · 크기 · 스타일 등)을 의미하고, 부수적 속성은 물리적 속성 외 정보로 상표 · 가격 · 원산지 등을 의미한다. 결국 부수적

---

8) Kotler P. and Keller K. L. *op. cit.*; Cooper L. G. and Inoue A. (1996) "Building Market Structures from Consumer Preferences," *Journal of Marketing Research*, Vol.33 No.3, pp.293-306.

속성을 중심으로 한 평가는 항목적 평가이고, 본질적 속성을 중심으로 한 평가는 속성별 평가임을 알 수 있다. 몇몇 유명 브랜드를 제외하고, 소비자들은 제품을 구매할 때 자신이 추구하는 혜택을 전해줄 수 있는 제품 속성에 더 많은 주의를 기울인다.

속성별 평가는 대체로 Fishbein의 다속성 모형(Fishbein model)과 같은 보완적 평가 방식을 활용한다.[9] 보완적 평가는 제품의 주요 속성을 모두 고려해서 평가하기 때문에 약점이 강점에 의해 보완되는 특징이 있다. 평가 방식은 다음과 같다.

$Ap=\Sigma wi\ bi$ (제품 p에 대한 태도=각 속성의 중요도 × 각 속성의 점수)

또 소비자들은 비보완적 평가방식을 이용해 대안을 평가하기도 한다. 비보완적 평가란 각 속성에 대한 최저 기준치를 정하거나 또는 가장 중요한 속성의 점수를 가지고 대안을 선택하는 방식이다. 따라서 기업은 소비자들이 제품에 따라 어떤 평가방식을 사용하고, 또 국가별로 속성의 선호도와 핵심 속성이 무엇인지 정확하게 파악할 필요가 있다.

■ 구매 결정

소비자는 대안 평가 후 가장 선호하는 상표에 대한 구매 의도를 갖게 된다. 하지만 구매 의도와 구매 결정 사이에는 두 가지 일반적 요인이 개입될 수 있다.[10] 첫 번째 요인은 주변 사람들(부인 · 남편 · 동료 등)의 태도이다. 이 요인의 영향력은 선호하는 대안에 대한 다른 사람의 부정적 태도 강화와 다른 사람의 의견에 순응하려는 동기라는 두 요소에 의

9) Fishbein M. (1967) "Attitudes and Prediction of Behavior," *Readings in Attitude Theory and Measurement,* Wiley, pp.477-492.

10) Sheth J. N. (1974) "An Investigation of Relationships among Evaluative Beliefs, Affect, Behavioral Intention, and Behavior," Farley U. F., Howard J. A., and Ring L. W., eds., *Consumer Behavior: Theory and Application*, Allyn & Bacon, pp.89-114.

해 결정된다.[11] 다른 사람의 부정적 태도가 강할수록 그리고 다른 사람이 자신과 가까울수록 구매 의도를 수정할 가능성이 크다.

두 번째 요인은 예기치 못한 상황적 변수이다. 구매자가 갑자기 실직을 하거나 아니면 더 급한 다른 구매가 발생할 수도 있고 점원의 불친절에 발길을 돌릴 수도 있다. 구매 결정의 수정・연기・회피는 소비자가 지각하는 위험의 영향을 받는다. 지각된 위험의 정도는 금액, 속성의 불확실성 정도, 소비자의 자신감 수준 등에 따라 달라진다. 따라서 기업은 소비자의 지각된 위험 요소를 이해하고 이를 줄이기 위한 정보 및 지원을 제공해야 한다.[12]

■ 구매 후 행동

소비자는 구매 후에 일반적으로 자신의 구매 결정을 지지하려는 경향이 있다. 하지만 구매 제품이 심리적・재정적 측면에서 중요하거나 다른 좋은 대안이 많을 때 인지부조화(Dissonance)를 경험할 수도 있다. 인지부조화란 구매 결정 이후 제품에 대한 불만족으로 인해 발생하는 심리적 갈등을 말한다. 제품만족도는 소비자들이 실제 경험한 제품의 품질과 사전 기대 간의 차이에 의해 결정된다. 제품에 만족한 구매자는 충성심 제고와 함께 동일한 요구 발생 시 재구매할 가능성이 커지고, 또 호의적 구전을 전파하게 된다. 따라서 마케팅 관리자는 소비자들이 자신의 의사결정에 확신을 가질 수 있도록 구매 후 커뮤니케이션을 철저히 실행해야 한다.

---

11) Fishbein M. *op. cit.*

12) Kotler P. and Keller K. L. *op. cit.*

3-5 소비자 채택과정

Five stages of the adoption process

Awareness → Interest → Evaluation → Trial → Adoption

Source: Rogers E. M. (1962) *Diffusion of innovations*, Free Press.

개인이 새로운 아이디어를 채택하는 과정에 대해 오래 전부터 많은 연구들이 이루어져 왔다. 사회학자 Rogers는 이들 연구를 검토한 후, 매우 유사한 연구결과 패턴을 발견하였다. 그는 혁신의 확산(Diffusion of innovations)을 통해 이러한 연구결과를 채택과정, 혁신의 특성, 채택자 범주의 개념으로 압축시켰다.[13)]

확산이란 혁신이 시간의 경과와 함께 커뮤니케이션이나 시장 등의 특정 경로를 통해 사회시스템 구성원 간에 전파되는 과정이다. 혁신은 절대적・상대적으로 항상 새롭고 기존의 것과는 다른 어떤 것을 의미한다. 따라서 혁신의 확산은 마케팅 차원에서 신제품이 특정 시장에 최초로 도입되는 과정뿐만 아니라, 상대적인 측면에서 이미 기존 시장에서 성숙제품일지라도 다른 시장에서 혁신제품으로 도입・확산되어 가는 과정도 함께 이해할 필요가 있다.

Rogers의 확산이론에서 가장 기본적인 요소 중 하나가 채택과정이다. 이는 소비자 개인이 제품의 혁신에 대한 지식을 습득한 후부터 실제 혁신을 채택하거나 제품을 구매하는 순간까지의 정신적 단계라고 할 수 있다. Rogers는 이러한 채택과정을 인식 → 관심 → 평가 → 시용 → 채택

13) Rogers E. M. (1962) *Diffusion of innovations*, Free Press.

의 다섯 단계로 구분하였다.

■ **인식**(Awareness)

소비자가 혁신의 존재를 이해하지만 그에 대한 정보가 부족한 단계로 대중매체 광고와 같은 정보 원천이 가장 중요하다.

■ **관심**(Interest)

이 단계는 소비자가 더 알고자 하는 관심을 가지면서 정보를 찾도록 자극하는 단계이다. 소비자는 제품 관련 커뮤니케이션에 관심을 집중한다.

■ **평가**(Evaluation)

이 단계에서 소비자는 현재와 미래의 요구와 관련하여 해당 제품의 혜택을 평가한다. 그 평가를 기준으로 소비자는 혁신의 사용 여부를 고려하게 된다.

■ **시용**(Trial)

소비자가 혁신의 가치를 추정하기 위해 혁신을 시도해보는 단계이다. 자동차 시운전과 같이 대부분의 소비자는 고가 제품을 실제 구매하기 전 시험적 사용을 한다.

■ **채택**(Adoption)

소비자가 혁신의 정식 사용을 결정하는 단계이다. 소비자가 시용 후 평가를 통해 채택으로 진행하는 경우, 개인적 정보 원천이 일반적 정보 원천보다 훨씬 더 중요해진다. 그리고 이 단계에서는 판매원과 구전이 소비자의 구매 결정에 중요한 역할을 한다.

3-6 혁신의 특성

Five key psychological process

Relative advantage	The degree to which the innovation appears superior to existing products.
Compatibility	The degree to which the innovation matches the values and experiences of the individuals.
Complexity	The degree to which the innovation is difficult to understand or use.
Divisibility	The degree to which the innovation can be tried on a limited basis.
Communicability	The degree to which the benefits of use are observable or describable to others.

Source: Adapted from Kotler P. and Keller K. L. (2009) *Marketing Management*, 13th edn. Pearson Prentice Hall.

Rogers는 채택과정 외에도 혁신의 채택률에 영향을 미치는 다섯 가지 혁신의 특성들, 즉 상대적 이익 · 적합성 · 복잡성 · 분할가능성 · 전달성을 규명하였다.

■ **상대적 이익**(Relative advantage)

상대적 이익이란 새로운 제품이나 아이디어가 기존의 것에 비해 더 좋다고 인지하는 정도를 말한다. 이는 경제적 · 사회적 우위요소뿐만 아니라 편리도와 만족도 측면에서 평가되기도 한다.

■ **적합성**(Compatibility)

적합성이란 혁신이 채택자의 입장에서 볼 때 혁신의 필요성, 기존 가치, 개인의 과거 경험 등과 관련하여 어느 정도 부합하는지를 의미한다.

■ **복잡성**(Complexity)

복잡성은 채택자가 혁신을 이해하거나 사용하기가 어느 정도 어려운가를 말한다. 소비자가 혁신을 복잡하다고 인지할수록 채택에 부정적 영향을 미친다.

■ **분할가능성**(Divisibility)

분할가능성이란 제한된 영역 안에서 적은 비용으로 제품을 사용해 볼 수 있는 기능을 의미한다. 소득수준의 큰 격차로 인해 구매량, 1회 사용량, 제품 분량에 대한 선호도가 국가마다 다르게 나타난다.

■ **전달성**(Communicability)

전달성이란 제품의 사용 혜택이나 가치를 관찰할 수 있거나 타인에게 설명할 수 있는 정도를 말한다. 쉽게 눈에 띄는 혁신은 그렇지 않은 혁신보다 채택률이 높아진다.

3-7 소비자 범주

Adopter categorization on the basis of relative time of adoption of innovations

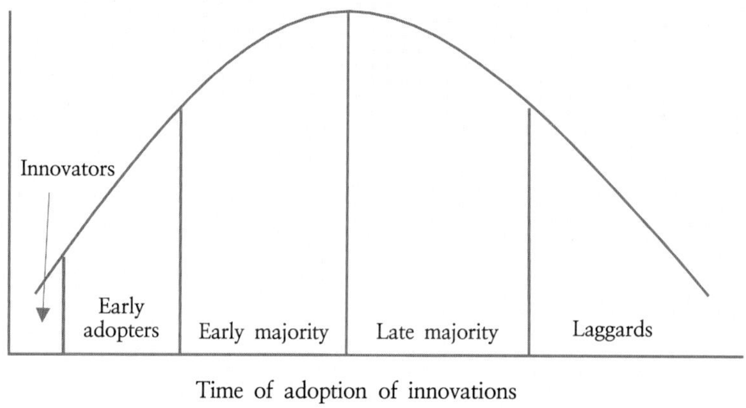

Source: Rogers E. M. (1962) *Diffusion of innovations*, Free Press.

Rogers는 개인의 혁신성을 한 개인이 사회시스템의 다른 구성원들보다 새로운 아이디어를 상대적으로 빨리 수용하는 정도라고 정의한다. 같은 시장 안에서도 개인의 혁신성은 다르게 나타난다. 그리고 개인의 혁신성은 국가나 문화권별로 차이가 발생할 수 있기 때문에 국제마케팅전략 수립에 영향을 미칠 수 있다. 혁신을 채택하는 시기에 따라 소비자의 범주를 다음과 같이 다섯 카테고리로 구분할 수 있다.

■ 혁신층(Innovators)

혁신을 최초로 받아들이는 소비자층으로 전체 소비자의 2.5%를 차지한다. 이들은 모험적이고 새로운 것을 추구하며 사교적인 성향을 지니고 있다. 또 미디어에 대한 활발한 접근으로 다양한 정보를 보유하고 있으며 재정적 여유가 있다는 특징이 있다.

■ **조기채택층**(Early adopters)

새로운 혁신을 일찍 받아들이지만 혁신층보다 신중한 편이다. 대체로 정보수집 활동을 활발하게 하며 재정적 여유가 있다. 그리고 의견선도자로서 역할을 하려는 성향이 강하다. 전체 소비자의 13.5%를 차지한다.

■ **조기다수층**(Early majority)

일반 사람들보다는 비교적 빨리 혁신을 수용하지만 심사숙고형이다. 그리고 사회 활동, 정보검색 활동, 소득수준, 전문성이 대체로 중간 정도이다. 전체 소비자의 34%를 차지한다.

■ **후기다수층**(Late majority)

회의적 성격의 소유자로 새로운 것에 대한 의혹이 강해 채택이 더딘 편이다. 전체 소비자의 34%를 차지한다.

■ **느림보 층**(laggards)

전통을 지향하는 보수적 계층으로 새로운 것에 대해 부정적인 성향을 보인다. 전체 소비자의 2.5%를 차지한다.

제4장

국제마케팅조사

4-1 국제마케팅조사의 역할

The research process

Defining the problem

⇩

Developing the approach to be taken

⇩

Designing the research

⇩

Carrying out the field work

⇩

Analysing the data

⇩

Preparing the report and presentation

Source: Malhotra M. K., Agrawal J. and Peterson M. (1997) "Methodological Issues in Cross Cultural marketing Research," *International Marketing Review*, Vol.13 No.6, pp.7-43.

글로벌기업들이 진입하고자 하는 해외시장은 대부분 위험하고 복잡한 환경을 지니고 있다. 기업이 불확실한 해외시장에서 살아남기 위해서는 무엇보다도 사전에 잘못된 의사결정을 할 수 있는 위험성을 줄여야만 한다. 이런 점에서 국제마케팅조사의 역할이 중요하다. 그 이유는 마케팅관리자가 체계적인 마케팅조사를 통해 해외시장에 대한 다양한 지식을 습득하고, 이를 통해 올바른 의사결정을 할 수 있기 때문이다. 마케팅조사의 가장 중요한 역할은 의사결정자가 불확실한 환경 속에서 올바른 의사결정을 할 수 있도록 도와주는 것이다.

국제마케팅조사는 크게 세 가지 주요 업무들로 구성되어 있다. 첫째, 비교문화 연구이다. 이 연구는 국가 또는 문화권 간의 조사 프로젝트를 수행하는 임무이다. 둘째, 국외 조사이다. 이것은 기업의 모국이 아닌 다른 나라에서 수행되는 조사를 의미한다. 마지막으로, 다국적 연구이다. 이 연구는 기업에게 의미 있는 모든 국가나 주요 국가들을 대상으로 수행된다.[1] 이러한 시장조사는 정보기술의 발달로 효과적인 정보시스템 구축으로 이어지고, 의사결정자가 올바른 결정을 하는 데 매우 중요한 역할을 하게 된다.

한편 국제마케팅 조사담당자의 역할은 효과적인 마케팅전략 수립에 필요한 다양한 정보뿐만 아니라 시장 수요에 대한 예측, 잠재적 시장과 시장진입 관련 위험 및 비용에 대한 평가 등을 제공하는 것이다. 따라서 조사담당자는 매력적인 시장 기회를 찾아내기 위해 해외시장들을 철저히 조사하고, 환경 변화를 감시할 수 있는 정보시스템을 구축하며, 국제마케팅전략 개발에 투입되는 주요 요인들에 대해 연구해야 한다.

1) Doole, I. and Lowe, R. (2008) *International Marketing Srategy*, 5th edn. CENGAGE Learning EMEA.

4-2 조사 영역

Four major informations of international marketing research

Where to go?	Having decided to internationalize, the first critical consideration is the need to rank countries in order of priority or attractiveness.
How to get there?	Having decided where to go, the next decision area is how to access the market, i.e. exporting, licensing or local production, etc.
What shall we market?	Should we modify our product or service, in what way and to what degree, i.e. the start of the application of the marketing mix, the product P.
How do we persuade them to buy it?	The development of the mix via the necessary Ps (place, price, etc.) and incorporating all four or seven depending on the nature of our offer (product or service)

Source: Adapted from Fifield P. and Lewis K. (2000) *International Marketing Strategy*, Butterworth-Heinemann.

조사 과정의 경우, 국제마케팅조사와 국내마케팅조사 간의 차이가 없지만 조사 영역은 국제마케팅조사가 훨씬 다양하고 복잡하다. 특히 해외시장의 선택과 진입방식의 결정, 국제마케팅믹스 조사를 위한 시장조사 업무는 국내마케팅조사와 다른 점이라고 할 수 있다.

■ 진입시장의 선택

기업이 일단 국제화하기로 결정하고 나면, 그 다음에 고려해야 할 사항은 진출할 국가 및 시장의 선택에 관한 것이다. 기업은 시장의 중요도와 매력도에 따라 진출국가의 우선순위를 정할 필요가 있다. 중요도와 매력도 평가는 일반적으로 진출 가능한 국가의 거시환경 외에 잠재적 수요 · 경쟁구조 · 정치적 위험 등에 관한 자료의 수집 및 분석을 통해 이루어진다.

■ 진입방식의 선택

기업이 해외시장에 진입하는 방식은 수출 · 해외직접투자 · 전략적 제휴 등 다양하다. 가장 효과적인 진입방식을 선택하기 위해 기업은 시장규모 · 경쟁상태 · 무역장벽 · 운송/물류비 · 정부 규제 · 정치적 위험 등을 조사한다.

■ 제품 및 서비스 적응화

현지에서 생산 또는 판매하고자 하는 제품 및 서비스를 어느 정도 수정할 것인가에 대한 조사가 필요하다. 그 이유는 국가마다 요구하는 정부 규제, 소비자의 수준, 경쟁적 위치 등이 각각 다르기 때문이다.

■ 국제마케팅믹스

특정 해외시장을 대상으로 제품 및 서비스별 마케팅믹스전략을 수행하기 위해 필요한 제품 · 가격 · 유통 · 촉진 등 4P에 대한 조사를 의미한다. 마케팅믹스전략은 현지 시장의 유통경로 · 촉진경로 · 구매자 행동 · 전문가 의견 등에 따라 대체로 차별화시킬 필요가 있다.

4-3 조사 방법

The 12C framework for analysing international markets

Country
- general country information
- basic SLEPT data
- impact of environmental dimensions

Concentration
- structure of the market segments
- geographical spread

Culture/consumer behaviour
- characteristics of the country
- diversity of cultural groupings
- nature of decision making
- major influences of purchasing behaviour

Choices
- analysis of supply
- international and external competition
- characteristics of competitors
- import analysis
- competitive strengths and weaknesses

Consumption
- demand and end use analysis of economic sectors that use the product
- market share by demand sector
- growth patterns of sectors
- evaluation of the threat of substitute products

Contractual obligations
- business practices
- insurance
- legal obligations

Commitment
- access to market
- trade incentives and barriers
- custom tariffs

Channels
- purchasing behaviour
- capabilities of intermediaries
- coverage of distribution costs
- physical distribution
- infrastructure
- size and grade of products purchased

Communication
- promotion
- media infrastructure and availability
- which marketing approaches are effective
- cost of promotion
- common selling practices
- media information

Capacity to pay
- pricing
- extrapolation of pricing to examine trends
- culture of pricing
- conditions of payment
- insurance terms

Currency
- stability
- restrictions
- exchange controls

Caveats
- factors to beware of

Source: Doole, I. and Lowe, R. (2008) *International Marketing Strategy*, 5th edn. CENGAGE Learning EMEA.

■ 정보의 확정

일반적으로 기업이 국제마케팅에 필요한 정보를 직접 얻기란 쉽지 않다. 그 이유는 필요한 정보량이 매우 광범위하기 때문이다. 따라서 국제마케팅관리자는 조사의 첫 번째 단계에서 문제규명을 위해 필요한 정보를 미리 확정해야 한다. 의사결정에 필요한 정보는 전략과 전술적 차원에서 결정한다. 전략적 정보는 진입할 국가의 거시적 환경요인을 주로 조사하고, 전술적 정보는 마케팅믹스의 4P와 관련된 정보를 수집한다. 이들 정보는 위에서 보여주는 것처럼 보통 12C로 구분할 수 있다.

■ 정보 원천의 결정

필요한 정보를 결정하고 나면, 다음 단계는 정보 원천을 결정해야 한다. 정보 원천은 1차 자료(Primary data) 및 2차 자료(Secondary data) 또는 내부자료 및 외부자료로 구분할 수 있다. 먼저 2차 자료란 정부・국제기구・연구 및 조사기관 등의 간행물이나 기업이 수집한 기존 자료와 같이 다른 목적으로 이미 수집・정리되어졌지만 해당 조사에 활용할 수 있는 자료를 의미한다. 2차 자료는 수집 비용이 저렴하고 취득이 용이하다는 장점이 있다.

그러나 2차 자료가 의사결정에 필요한 정보를 제공하기 어려운 경우에는 1차 자료를 수집해야만 한다. 1차 자료란 조사자가 현재 수행 중인 조사 목적을 달성하기 위하여 현장에서 직접 수집하는 자료로 설문(Survey) 또는 비설문조사방법을 통해 수집된다.

한편 내부자료란 원가나 판매자료 등과 같이 기업 내부에서 수집된 자료를 의미한다. 반면에 외부자료는 기업 외부에서 수집된 자료로 수요나 경쟁 등에 관한 정보를 제공한다.

■ 자료 수집

자료를 수집하기 위한 방법으로 설문조사를 수행하는 경우에는 무엇보다도 자료의 동질성을 확보하기 위해 설문지(Questionnaire) 작성 및 표본 추출(Sampling)에 유의해야 한다. 설문지를 작성할 때는 표적 시장에 따라 설문 내용 · 질문 형태 · 응답 척도에 유의할 필요가 있다. 또 표본의 대표성을 높이기 위해 표본 단위(Sampling unit) · 표본 크기(Sampling unit) · 표본 추출 절차(Sampling procedure) 등 표본 계획을 사전에 결정해야 한다. 뿐만 아니라 설문조사의 응답률과 정확성 제고를 위해 조사기법의 적절한 선택과 조사요원 훈련 등에도 만전을 기할 필요가 있다. 조사기법에는 보통 온라인 면접 · 우편 면접 · 전화 면접 · 직접 면접 등이 있다.

한편 비설문조사방법으로 심층인터뷰 · 관찰법 · 프로토콜(Protocol) · 투사법(Projective technique) 등을 들 수 있다. 프로토콜은 현장 또는 모의현장에서 응답자가 구매행위 등을 통해 구매동기 등을 자유롭게 구술하도록 하는 조사방법이다. 투사법은 응답자에게 구매행위와 같은 상황을 그림이나 문자로 보여주면서 반응을 관찰하는 방법이다.

■ 자료 분석

자료를 수집하고 나면, 다음 단계는 자료를 분석하는 단계이다. 자료분석에 대해서는 다음 절에서 보다 더 구체적으로 살펴보고자 한다.

4-4 자료 분석

A matrix for choosing the appropriate statistical method

		Dependent variable	
		Discrete (Binary/Categorical/Nominal/Ordinal)	Continuous (Interval/Ratio)
Independent variable	Discrete	Chi-square Logistic regression	t-test ANOVA* Regression
	Continuous	Logistic regression Discriminant analysis***	Correlation Regression** Multiple regression

* ANOVA is conducted to compare averages of two or more groups.

** **Regression analysis** is used to estimate the effects of a set of independent variables on one dependent variable. It is arguably the most commonly applied statistical method in the social sciences.

*** **Discriminant analysis** is a special case where the dependent variable is classified into two or more categories.

자료 수집을 완료하고 나면 일반적으로 자료 분류 → 신뢰도 검토 → 통계분석 → 해석의 순서에 따라 자료 분석이 이루어진다. 특히 통계분석을 수행할 때는 수집된 자료의 특성에 적합한 분석기법을 사용해야 한다.

■ **자료 분류**

자료 분류는 부적절한 응답자를 제외한 후, 통계분석을 위해 자료를 입력 또는 코딩하는 과정이다. 자료는 크게 정성적 자료(Qualitative data)와 정량적 자료(Quantitative data)로 분류된다. 정성적 자료는 수치로 표현할 수 있지만 속성 그 자체는 표현할 수 없기 때문에 평균의 의미가 없다. 주로 성별이나 직업과 같이 명목척도나 순위척도로 수집된다. 반면, 정량적 자료는 수치로 표현이 가능하며 연속적 형태를 띠기 때문에 평균의 의미가 있다. 매출액이나 소득과 같이 비율척도나 등간척도에 의해 수집된다.

■ **신뢰도 검토**

코딩이 끝나면 통계분석기법을 이용해 자료의 신뢰성을 검토해야 한다. 신뢰도란 측정 항목의 타당성 검정을 통한 하나의 개념을 다시 반복 측정했을 때 유사한 결과가 계속해서 나타나는 일관성을 의미한다.

■ **통계 분석**

통계 분석을 수행할 때는 수집된 자료의 척도와 변수의 수 등에 따라 적용되는 분석기법이 달라진다. 통계분석기법은 분석대상인 변수의 수에 따라 단일변량기법과 다변량기법으로 분류할 수 있다.

□ **단일변량기법**

단일변량기법은 자료의 성격에 따라 분류되는데, 주로 정성적 자료를 분석하는 경우에는 비모수통계(Nonparametric statistics)를 이용하고, 정량적 자료를 분석하는 경우에는 모수통계(Parametric statistics)를 이용한다. 이들은 각각 다시 표본 수에 따라 단일 표본과 두 개 또는 그 이상의 표본으로 구분된다. 두 개 또는 그 이상의 표본은 표본들이 상호 독립적인가 종속적인가에 따라 또 분석기법이 달라진다.

□ **다변량기법**

다변량기법은 크게 변수들 간의 종속관계 및 상호 의존관계에 따라 구분된다. 먼저 종속관계란 어떤 변수가 다른 변수에 영향을 미치는 관계를 말하며, 영향을 미치는 변수를 독립변수(Independent variables), 영향을 받는 변수를 종속변수(Dependent variables)라고 한다. 이 기법은 종속변수의 수에 따라 이변량(Bivariate)과 다변량(Multivariate)분석으로 다시 분류된다. 종속변수가 한 개인 경우, 척도의 성격에 따라 통계분석기법의 적용이 달라진다. 예를 들면, 독립변수가 명목척도이고 종속변수는 등간이나 비율척도인 경우 분산분석(ANOVA : Analysis of Variance)을 이용한다. 반면, 회귀분석(Regression)은 독립변수와 종속변수 모두 등간이나 비율척도인 경우에 사용한다.

상호 의존관계의 경우, 관심대상이 변수인가 또는 응답자인가에 따라 분석기법이 달라진다. 예를 들어, 요인분석(Factorial analysis)은 분석대상이 변수이지만, 군집분석(Cluster analysis)은 분석대상이 주로 응답자이다.

4-5 마케팅정보시스템

Marketing information system

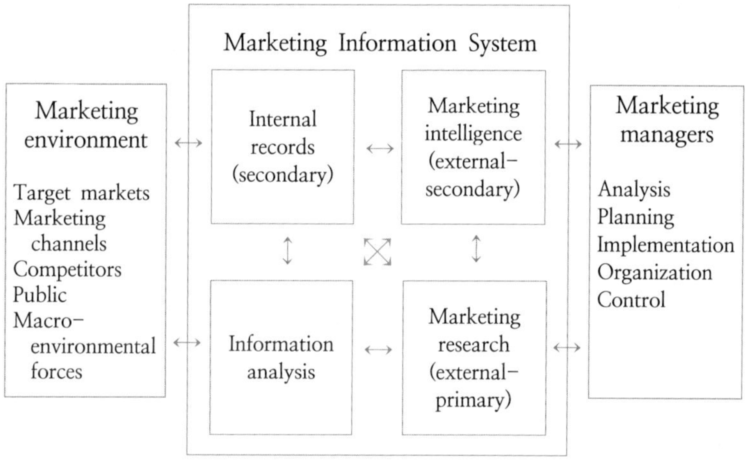

Source: Kotler P. (2003) *Marketing Management*, 11th edn. Prentice-Hall.

국제마케팅조사를 통해 자료 분석을 완료하고 나면 여기에서 생성된 정보를 의사결정에 편리하게 활용할 수 있도록 정보시스템을 구축해야 한다. 마케팅정보시스템(Marketing information system)이란 기업 내·외부로부터 수집·분류·분석된 정보를 특정 마케팅 의사결정에 효율적으로 사용할 수 있도록 설계된 인력·장비·절차 등이 상호 작용하는 복합체를 의미한다. 국제마케팅에서는 정보시스템을 글로벌시장 환경의 이해, 해외시장 확장기회 포착, 경영 성과의 평가, 국제경영전략 통합 및 자원의 재배치 등과 같은 주요 의사결정에 활용할 수 있다.

마케팅정보시스템은 다음과 같이 내부기록시스템·마케팅첩보시스템·마케팅조사시스템·정보 분석이 상호작용하는 시스템으로 구성되어 있다.

■ **내부기록시스템**(Internal records)

내부기록시스템은 기업 내에서 생성된 보고서나 데이터베이스, 즉 원가계산서 · 판매보고서 · 재고량 · 고객 데이터베이스 등을 이용하여 마케팅정보를 획득하는 시스템이다. 마케팅 관리자들은 새로운 기회와 잠재적 문제를 예측하는 데 있어서 내부기록시스템에 의존하는 경우가 많다.

■ **마케팅첩보시스템**(Marketing intelligence)

마케팅첩보시스템은 관리자들이 마케팅환경과 관련된 다양한 일상 정보를 얻는데 이용하는 절차와 원천의 집합을 의미한다. 예를 들면, 신문과 같은 출판물을 읽고, 소셜미디어(Social media)나 인터넷을 탐색하며, 고객이나 유통업체와의 만남 등을 통해 정보를 수집하고 분석해서 마케팅 관리자에게 제공하는 시스템이다. 일반적으로 정보의 양이 방대하기 때문에 마케팅 활동에 적합한 정보들만을 쉽게 활용할 수 있도록 체계화시킬 필요가 있다.

■ **마케팅조사시스템**(Marketing research)

마케팅조사시스템은 앞 절의 조사방법에서 설명한 일련의 과정을 의미한다. 즉, 기업 내부기록이나 첩보자료를 통해 얻을 수 없는 특정 정보를 획득하기 위해 주로 1차 자료를 계획적으로 수집 · 분석 · 보고하는 시스템을 말한다. 대부분의 기업들이 마케팅조사 부서를 자체적으로 운용하고 있지만 경우에 따라서는 외부 전문조사기관에 위임하기도 한다.

■ **정보 분석**(Information analysis)

정보 분석은 내부기록 · 첩보 · 조사시스템을 통해 입수된 자료 및 정보를 통계기법이나 모형에 의해 분석 후 가공해서 제공하는 시스템으로 통계뱅크와 모형뱅크로 구성되어 있다. 통계뱅크는 회귀분석 · 상관분석 · 판별분석 등과 같은 통계기법들이 포함되고, 모형뱅크에는 적정제품특성모형 · 가격책정모형 · 위치선정모형 · 매체믹스모형 등이 있다.

INTERNATIONAL MARKETING STRATEGY

제Ⅲ부

전략 개발

제5장

해외시장 선택

5-1 글로벌시장세분화

Bases for segmenting global markets

Demographic variables	Age, Life stage, Gender, Income, Generation, Social class, Occupation, etc.
Psychological variables	Lifestyle, Personality traits, Values, etc.
Behavioral variables	User status, Usage rate, Loyalty Status, Attitude, Occasions, Benefits, etc.
Geographic variables	Region, Population density, Climate, Race, Soil, etc.

Source: Adapted from Kotler P. and Keller K. L. (2009) *Marketing Management*, 13th edn. Pearson Prentice Hall.

국제마케팅에 성공한 기업들은 대부분 글로벌시장에 대해 효과적인 STP전략을 수립하고 수행하는 능력이 있다. STP란 시장세분화(Segmenting)·표적시장 선정(Targeting)·포지셔닝(Positioning)을 의미한다. 이 장에서는 글로벌시장의 개념을 일반적인 해외시장의 개념으로 간주하고 시장 선택과 관련된 STP 과정을 구체적으로 살펴보고자 한다.

■ 글로벌시장세분화의 개념

글로벌시장세분화(Global market segmentation)란 전 세계 고객 집단이나 고객 국가를 상품에 대해 욕구가 비슷하거나 마케팅 활동에 대해 유사한 반응을 보이는 동질적 부분 시장으로 구분하는 과정을 의미한다. 글로벌기업은 이렇게 분류된 세분시장들 가운데 특정 세분시장을 표적시장으로 선택한 후, 구체적인 마케팅믹스를 개발하고 수행한다.

글로벌시장세분화는 세계시장을 보는 시각에 따라 국제시장세분화(International market segmentation)와 시장 간 세분화(Inter-market segmentation)로 구분할 수 있다. 국제시장세분화란 개별 국가를 내부적 동질성이 존재하는 하나의 시장으로 간주함으로써 세분시장이 특정 국가 집단으로 이루어진다. 반면, 시장 간 세분화란 개별 국가를 내부에 이질성이 존재하는 여러 개의 시장으로 구분함으로써 세분시장이 특정 개인 소비자 집단으로 이루어진다.[1] 하지만 어떤 시각으로 시장을 구분하든 시장세분화의 본질적 목표는 표적시장에 어울리는 표준화된 마케팅전략을 실행하는 것이다.

■ 시장세분화의 이점

기업이 글로벌시장에서 시장의 차이점보다 유사점을 찾아 시장을 세분화하려고 하는 이유는 바로 다음과 같은 이점이 있기 때문이다.

- □ 규모의 경제
- □ 수익성 제고
- □ 제품 확산의 용이
- □ 자원의 효율적 배분
- □ 마케팅의 최적화
- □ 마케팅기회 발견의 용이

■ 시장세분화의 기준

글로벌시장세분화 과정의 첫 단계는 국가 또는 고객들을 동질적인 집단들로 분류하기 위한 기준으로서 하나 이상의 변수들을 선택하는 것이다. 글로벌시장세분화에 사용되는 변수는 소비자의 세분화에 사용되는 변수들을 그대로 적용하면서 경제 · 정치 · 사회 · 문화적 변수 등을 추가할 수 있다.

---

1) 이장로 (2008), 「국제마케팅」 5판, 무역경영사.

□ **인구통계 변수**(Demographic variables)

연령 · 생애주기 · 성별 · 소득 · 세대 · 사회계층 · 직업 등

□ **심리적 변수**(Psychological variables)

라이프스타일(VALS : Activities · Interests · Opinion) · 개성 · 가치관 등

□ **행동 변수**(Behavioral variables)

사용경험 · 사용량 · 충성도 · 상황(니즈 · 구매 · 사용) · 추구편익 등

□ **지리적 변수**(Geographic variables)

지역 · 인구밀도 · 기후 · 토양 · 인종 등

■ **제품수명주기를 이용한 시장세분화**

국제마케팅에서는 글로벌시장의 동태적 특성을 반영해 세분화 기준으로 제품수명주기(Product life cycle)를 적용하는 경우가 많다. 그 이유는 일정 시점에서 동일한 제품이라도 국가마다 제품수명주기가 다르기 때문이다.

제품수명주기를 이용한 시장세분화의 유용성은 다음과 같다. 첫째, 한 국가에서 얻어진 경험을 제품수명주기가 유사한 단계에 있는 다른 국가에서 활용함으로써 경쟁력을 확보할 수 있다. 둘째, 성숙기 후반 또는 쇠퇴기에 있는 제품을 마케팅 가능성이 있는 도입기 단계의 시장에 이전시킴으로써 해외시장을 계속 확보하는 동시에 자원을 효율적으로 활용할 수 있다. 마지막으로, 기존 제품을 시장에서 철수하고 신제품을 시장에 도입하는 적절한 시기를 정할 수 있다.[2)]

---

2) 상게서.

5-2 표적시장의 선택

Five key criteria for evaluating the market segments

Measurable	The size, purchasing power and characteristics of the segments can be measured.
Substantial	The segments are large and profitable enough to serve.
Accessible	The segments can be effectively reached and served.
Differentiable	The segments are conceptually distinguishable and respond differently to different marketing-mix elements and programs.
Actionable	Effective programs can be formulated for attracting and serving the segments.

Source: Kotler P. and Keller K. L. (2009) *Marketing Management*, 13th edn. Pearson Prentice Hall.

시장세분화가 마무리되면 기업은 세분시장들의 유용성을 평가해야 한다. 기업은 유용성이 높은 시장들 가운데 자신이 가장 효율적으로 상대할 수 있는 매력적인 시장을 표적 및 목표시장(Target market)으로 선택한다. 시장을 선택한다는 것은 판매시장으로서 뿐만 아니라 생산기지로서의 선택이라는 의미도 가지고 있다. 따라서 표적시장을 선택할 때 판매와 생산에 영향을 미칠 수 있는 다양한 변수들을 고려해야 한다. 여기에서는 먼저 세분시장의 유용성을 평가하기 위한 요소들을 살펴본다.

■ **세분시장의 유용성**[3]

□ **측정가능성**(Measurable)

세분시장의 규모·구매력·특성 등을 측정할 수 있어야 한다.

□ **실질성**(Substantial)

세분시장은 기업이 사업을 수행할 수 있을 만큼 충분히 크고 수익성이 있어야 한다.

□ **접근가능성**(Accessible)

세분시장은 기업이 효과적으로 도달해서 운영을 할 수 있어야 한다.

□ **차별성**(Differentiable)

세분시장들은 개념적으로 구별될 수 있고, 서로 다른 마케팅믹스 요소들과 프로그램에 대해 다른 반응을 보여야 한다.

□ **실행가능성**(Actionable)

세분시장을 유인하고 서비스를 제공하기 위한 효과적인 프로그램을 구축할 수 있어야 한다.

---

3) Kotler P. and Keller K. L. (2009) *Marketing Management*, 13th edn. Pearson Prentice Hall.

5-3 포트폴리오 매트릭스

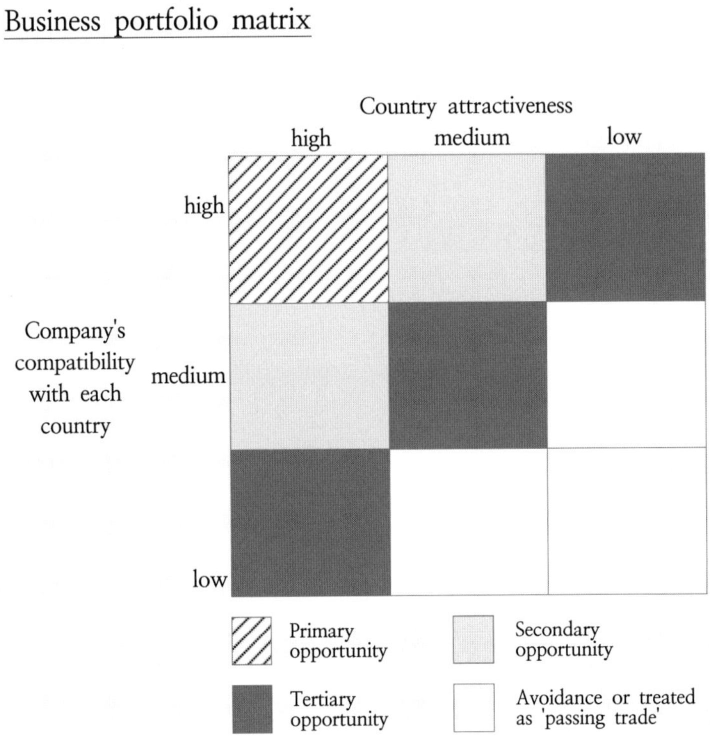

Source: Fifield P. & Lewis K. (2000) *International Marketing Strategy*, Butterworth-Heinemann.

기업은 유용성이 입증된 시장들 가운데 가장 매력적인 표적시장을 선택하기 위해 앞 절에서 언급한 유용성 평가 요소 외에도 시장규모 · 성장률 · 수익성 · 규모의 경제 · 경쟁 · 비용 · 위험과 같은 시장매력도와 자신의 목표 및 능력 등을 살펴보아야 한다. 시장매력도와 기업의 강점 및 능력을 고려한 해외시장 평가기법으로 비즈니스 포트폴리오 매트릭스를 들 수 있다. 이 기법은 국가매력도와 기업의 적합성을 근거로 국가 또는 시장을 크게 네 집단으로 분류한다.

■ **1차 시장**(Primary markets)

이 시장은 높은 매력도와 함께 기업의 강점을 잘 살릴 수 있는 시장이다. 일반적으로 시장잠재력이 높은 반면 경쟁이나 위험도가 낮다. 그리고 기업의 입장에서는 기업목표에 적합한 전략시장으로서 가치가 있을 뿐만 아니라 사업하기에 적합한 조건들을 갖추고 있다. 따라서 기업은 이러한 시장을 표적으로 삼고 대규모 투자를 실행한다.

■ **2차 시장**(Secondary markets)

1차 시장에 비해 상대적으로 위험하지만 소규모의 전략적 투자를 통해 기업이 사업기회를 확보할 수 있는 시장이다.

■ **3차 시장**(Tertiary markets)

기업이 운영 측면에서 시장에 깊이 개입하지 않고 단기적이고 특별한 기회를 통해 사업을 수행할 수 있다. 노출된 위험성이 낮다면 기업은 재무적 수준의 투자를 통해 수익을 창출할 가능성이 있다.

■ **회피 시장**(Avoidance markets)

회피 시장은 기업이 특별한 경우에 소규모 무역과 같은 형태로 참여하는 시장을 의미한다.

비즈니스 포트폴리오 매트릭스는 평가대상을 시장뿐만 아니라 사업이나 제품 등으로 확장함으로써 다양한 평가들을 할 수 있다. 대표적인 모델로 BCG 매트릭스 · GE/McKinsey 매트릭스 · ADL 매트릭스 등이 있다. 이들에 대해서는 13장 국제마케팅 평가와 통제에서 다시 설명하고자 한다.

5-4 제품-시장 그리드[4]

Product-market grid

Market	Product					
	1	2	3	4	5	6
Asia						
China	○	○	○	○	○	○
Japan	○	○		○		○
India	○	○	○	○	○	
Vietnam						
North America						
USA	○	○	○	○	○	○
Canada	○	○	○	○	○	○
EU						
Germany	○	○	○	○	○	○
England	○	○	○	○	○	○
France	○	○		○	○	○
Russia	○	○	○		○	○
Swiss	○	○	○	○	○	○
Middle east						
Israel	○	○	○	○		
UAE	○	○	○	○		○
Kuwait	○	○	○			○

앞 절에서 설명한 포트폴리오 기법은 대체로 국가 소득이나 시장규모 등과 같은 인구통계 데이터를 이용해 시장매력도를 측정하기 때문에 개별국가 시장의 크기와 단기적인 시장매력도가 과장되는 경향이 있다. 따라서 표적시장 선택에 있어서 포트폴리오 기법과 같이 국가 소득이나 인구 등의 데이터로부터 시작되는 하향식 분석 대신 제품-시장 수준에서 시작하는 상향식 분석도 고려해 볼 필요가 있다.

4) Keegn W. J. and Green M. C. (2011) *Global Marketing*, Prentice Hall.

■ 제품-시장

제품-시장이란 용어는 제품범주에 의해 정의되는 시장을 의미한다. 자동차산업을 예로 들면, 고급차 시장 · SUV 시장 · 미니벤 시장 등으로 제품-시장을 분류할 수 있다. 반면, 러시아 시장이나 인도 시장은 국가 시장을 의미한다.

■ 제품-시장 그리드

제품-시장 그리드(Product-market grid)란 스프레드시트(Spread sheet)의 가로 줄에 시장을 표시하고 세로 칸에 제품을 표시한 일종의 지도를 의미한다. 각각의 셀들은 제품과 세분시장의 연결 가능한 교집합을 나타낸다. 기업은 제품-시장 그리드를 통해 현재 제품과 잠재적 제품이 특정 국가시장이나 세분시장에 얼마나 적합한가를 검토한 후 시장을 선택할 수 있다.

제품-시장 그리드는 두 가지 주요 개념, 즉 마케팅 모델 동인(Marketing model driver)과 이러한 동인을 가능케 하는 조건과 관련이 있다. 먼저 마케팅 모델 동인이란 어떤 사업이 특정 국가 및 시장 환경에서 성공적으로 정착하고 성장하는데 반드시 필요한 핵심 요인을 의미한다. 핵심 요인은 브랜드 · 유통망 · 영업사원 등 매우 다양하다.

마케팅 모델 동인을 가능케 하는 조건이란 이러한 조건의 유무에 따라 마케팅 모델의 성패가 좌우되는 시장의 구조적 특성을 의미한다. 예를 들면, 인도에는 냉장기능을 갖춘 식품판매대의 보급률이 낮은 편이다. 이러한 조건은 Nestle가 인도에서 성장세에 있던 초콜릿 · 캔디산업에 투자하는데 걸림돌로 작용하였다. Nestle는 냉장에 대한 개념이 희박했던 인도의 시장 환경으로 인해 고생을 해야만 했다.

5-5 표적시장 마케팅전략

Marketing strategies for target

Standardized global marketing	▫ This approach is analogous to mass marketing in a single country. ▫ Mass production, distribution and promotion of product for all buyers. ▫ Largest potential market ▫ Lowest cost: lower prices or higher margins
Differentiated global marketing	▫ This strategy entails targeting two or more distinct market segments with multiple marketing mix offerings. ▫ Buyers differ in their wants, purchasing power, location, attitudes and habits...
Concentrated global marketing	▫ This approach involves devising a marketing mix to reach a niche. ▫ More narrowly defined group, a small market who's needs are not being well served. ▫ Smaller companies can become more competitive through specialization.

Source: Adapted from Keegan W. J. and Green M. C. (2011) *Global marketing*, 6th edn. Prentice Hall.

기업이 선택하는 표적시장의 수는 하나 또는 그 이상이 될 수 있다. 표적시장 수나 성격에 따라 기업이 수립할 수 있는 마케팅전략은 크게 표준화 글로벌마케팅 · 차별화 글로벌마케팅 · 집중적 표적시장 마케팅 등 세 가지로 분류된다.

■ **표준화 글로벌마케팅**(Standardized global marketing)

표준화 글로벌마케팅은 소수의 다양한 욕구보다는 다수의 잠재고객 집단의 공통된 욕구에 주목하여 대표 상품 하나로 표준화된 마케팅믹스를 개발하는 비차별적 마케팅전략을 의미한다. 기업은 시장의 성격이 유사한 다수 국가에서 마케팅을 표준화 및 대량화함으로써 생산비를 인하시키는 규모의 경제 효과를 얻을 수 있다.

■ **차별화 글로벌마케팅**(Differentiated global marketing)

다중 시장세분화 전략으로 알려진 차별화 글로벌마케팅은 시장이 다양한 욕구를 가진 소비자들로 구성되어 있다고 보는 관점에서 출발한다. 기업이 두 개 이상의 세분시장에 대해 각각 다른 마케팅믹스를 개발함으로써 시장이 확대되고 총매출이 증가하는 장점이 있지만 그만큼 비용도 상승한다.

■ **집중적 표적시장 마케팅**(Concentrated global marketing)

틈새시장을 공략하기 위해 고안된 집중적 표적시장 마케팅은 단 하나의 세분시장만을 표적으로 하여 마케팅믹스를 개발하는 전략이다. 하나의 세분시장일지라도 지리적으로는 다수의 국가가 포함될 수 있다. 하지만 이 전략은 글로벌시장에서 다양한 나라를 대상으로 적용하기 보다는 가능한 시장의 깊이를 더욱 깊게 하기 위해 한 국가에 집중한다. 집중적 표적시장 마케팅은 표적시장의 전문화와 함께 비용을 줄일 수 있다는 장점이 있다. 하지만 시장의 불확실성에 따른 위험도 수반된다.

5-6 포지셔닝

Concept of positioning

Definition: act designing the company's offering and image so that they occupy a meaningful and distinctive competitive position in the target customer's mind; refer to consumer's perception of a product or brand amongst other brands.

Objective: attaining a prominent place for company's brand amongst other brands in the mind of consumers.

Means: positioning results from marketing communication regarding brands, social communication and personal experience.

포지셔닝이란 제품의 속성과 효용 측면에서 경쟁 브랜드와 차별화될 수 있는 브랜드의 정확한 위치를 소비자의 마음속에 심어주는 과정을 의미한다.[5] 최근에는 속성이나 효용 외에도 품질 · 가격 · 사용자 · 경쟁자 등에 의한 다양한 포지셔닝 전략들이 사용되고 있다.[6]

▪ 속성 및 효용

일반적으로 포지셔닝 전략은 제품의 속성이나 효용을 주로 활용한다. 예를 들면, Volvo는 충돌사고 발생 시 안전을 보장하는 안전성을 강조하고, Visa card는 전 세계 어디서나 사용이 가능하다는 편리성을 강조한다. 국제마케팅에서는 수입브랜드라는 특성만으로도 포지셔닝에 성공하

---

5) Ries A. and Trout J (1982) *Positioning: The battle for your mind*, Warner Books.

6) Aaker D. A. and Shansby J. G. (1982) "Positioning: Your Product," *Business Horizons*, Vol.25, No.2, pp.56-62.

는 사례들이 많다.

■ 품질과 가격

일반적으로 소비자들은 제품 및 서비스의 품질을 가격과 연결해서 판단하는 경우가 많다. 따라서 기업은 높은 수준의 품질과 가격 또는 적당한 수준의 품질과 합리적인 가격대에서 다양한 포지셔닝 전략을 구축할 수 있다. 예를 들면, Grey Goose와 같은 수입 보드카는 원산지를 강조하는 프리미엄급 제품 포지셔닝으로 보통 보드카보다 몇 배 이상의 가격에 판매되고 있다.

■ 사용 또는 사용자

기업은 제품이 어떻게 사용되는지, 또 누가 사용하는지를 포지셔닝에 활용하기도 한다. 예를 들면, Philip Morris는 담배광고를 통해 터프한 카우보이와 자사 브랜드를 연계시켰고, Max Factor Makeup은 메이크업 아티스트가 사용하는 메이크업으로 자사 제품을 포지셔닝하였다. 그리고 Gatorade는 플로리다대학 풋볼팀과의 인연을 통해 스포츠 음료로서의 포지셔닝에 성공하였다.

■ 경쟁자

기업이 은연중에 또는 명백하게 경쟁자를 언급함으로써 효과적인 포지셔닝을 수행할 수 있다. 예를 들면, Fedex는 비교광고를 통해 DHL과의 차별성을 강조하였고, 또 Avis는 광고에 Hertz를 언급함으로써 자신의 위치를 소비자의 마음속에 심어주었다.

한편 기업이 새로운 해외시장에 진입할 때 포지셔닝전략은 다음과 같은 점에 유의해야 한다. 첫째, 가능하면 선도시장을 대상으로 포지셔닝을 구축해야 한다. 다시 말해, 시장에서 자사 제품을 맨 처음으로 소개할 수 있는 능력을 가진 개인이나 조직체를 표적으로 자사제품을 집중적으로 포지셔닝하는 것이 효과적이다. 둘째, 현지 생활양식을 고려한 포지셔닝을 구축하도록 한다. 새로운 시장에 진입 시 기업은 자사제품의 이미지를 현지국의 생활양식과 가치관의 변동에 일치시킬 필요가 있다. 예를 들면, Kellogg는 한국 시장에 진입 시 한국의 음식문화와 어울리는 포지셔닝을 구축함으로써 마케팅에 성공할 수 있었다.

5-7 소비자문화 포지셔닝

Global · foreign · local consumer culture positioning

Global consumer culture positioning	▫ GCCP is defined as a strategy that identifies the brand as a symbol of a particular global culture or segment. ▫ High-tech and high-touch products are both associated with high levels of customer involvement and by a shared language among users.
Foreign consumer culture positioning	▫ FCCP associates the brand's users, use occasions or production origins with a foreign country or culture. ▫ Harley-Davidson, IKEA and Häagen-Dazs
Local consumer culture positioning	▫ LCCP associates the brand with a local cultural meanings, reflects the local culture's norms or depicts the products as locally produced for local consumers. ▫ Budweiser's U.S. ads featuring the iconic Clydesdale horses associate the brand with small-town American culture.

Source: Adapted from Keegan W. J. and Green M. C. (2011) *Global marketing*, 6th edn. Prentice Hall.

국제마케팅에서는 소비자문화를 포지셔닝전략에 효과적으로 이용하는 경우가 많다. 소비자문화는 범위에 따라 글로벌 · 외국 · 지역으로 구분할 수 있다.

■ **글로벌 소비자문화 포지셔닝**(GCCP : Global consumer culture positioning)

글로벌 소비자문화 포지셔닝이란 브랜드를 특정 글로벌 문화나 세분시장의 상징으로 자리매김하는 포지셔닝 전략으로서 전 세계 10대·엘리트 집단·IT족들에게 효과적인 전략으로 입증되었다. 특히 하이테크 제품이나 하이터치 제품과 같은 특정 부류의 제품들은 포지셔닝에서 GCCP전략에 크게 의존한다.

□ **하이테크 제품**(High tech product)

하이테크 제품은 세련되고 기술적으로 복잡하며 설명하기 어렵다는 특징을 지니고 있다. 그리고 제품 구입에 전문성과 함께 정보 제공이 중요한 역할을 하며, 사용자들만의 공유된 언어에 의해 소비자 관여도가 높다. 예를 들면, 휴대전화·고급 승용차·퍼스널 컴퓨터 등이 글로벌시장에서 기업들이 강력한 입지를 확보하고 있는 제품들이다.

기술에 민감한 글로벌 소비자들과 관련한 포지셔닝전략은 레저용품이나 오락용품과 같은 특별 관심분야 제품에도 적절히 사용될 수 있다. 예를 들어, Fuji 자전거·Adidas 스포츠용품·Canon 카메라 등이 특별 관심분야 제품의 성공적 사례라고 할 수 있다.

□ **하이터치 제품**(High touch product)

하이터치 제품은 감성 자극을 중시하는 제품으로, 소비자들이 합리적인 이유보다는 감정적인 이유, 즉 개인적 즐거움이나 자기 이미지 반영 등의 목적으로 제품을 구매하는 경향이 강하다. 예를 들면, 고급 향수·디자이너 패션제품·고급 와인 등이 GCCP 전략에 의존하는 하이터치 제품들이다. 마케터들은 감성에 기반한 GCCP 전략의 성공적 확립을 위해 주로 여가생활·로맨스·물질주의 등의 주제를 광고 등에 활용하며, 언어는 영어를 사용한다. Benetton의 광고 카피인 'United Colors of Benetton'은 기업의 모든 광고에 영어로 표기된다. 그리고 특정 국가나 문화와 관련이 없는 심벌을 자주 사용한다. 예를 들어, Nestle의 새둥지나 Nike의 스워시(Swoosh) 로고 등을 들 수 있다.

어떤 경우에는 기업들이 기술과 감성을 모두 포함하는 방식으로 글로벌 제품을 포지셔닝하기도 한다. 예를 들어, Apple의 아이패드나 Bang & Olufsen의 오디오 등이 기능과 디자인을 모두 충족시키는 포지셔닝으로 성공한 사례들이다.

■ **외국 소비자문화 포지셔닝**(FCCP : Foreign consumer culture positioning)

외국 소비자문화 포지셔닝이란 브랜드의 사용자, 사용 상황, 제품 출처 등을 외국 또는 외국의 문화와 관련시켜 포지셔닝하는 전략이다. 예를 들면, Marlboro 담배와 Harley-Davidson 오토바이는 미국적 특성을 강조하고, 스웨덴에 본사를 둔 가구 브랜드 IKEA는 스웨덴의 깃발로 자신의 제품을 포장하고 국가를 상징하는 파란색과 노란색으로 매장 안팎을 장식을 한다. Häagen-Dazs 아이스크림은 미국회사에 의해 제조되지만 스칸디나비아 분위기를 풍기기 위해 이름을 Häagen-Dazs로 지었다.

■ **지역 소비자문화 포지셔닝**(LCCP : Local consumer culture positioning)

지역 소비자문화 포지셔닝전략은 브랜드가 특정 지역의 문화와 깊게 관련되어 있고 국가적 문화 속에 사는 지역 소비자에 의해 사용되는 특징을 지니고 있다. 또 제품이 지역 소비자를 위해 지역적으로 생산되는 형태를 띠고 있다. 예를 들면, Budweiser의 미국 광고는 클라이즈데일(Clydesdale) 종의 말을 보여줌으로써 Budweiser가 미국의 작은 도시 문화와 관련성이 있다는 것을 나타내고자 하였다. LCCP전략은 식품·개인 소비재·가정 소비재 분야에서 주를 이루고 있다.

5-8 포지셔닝 맵

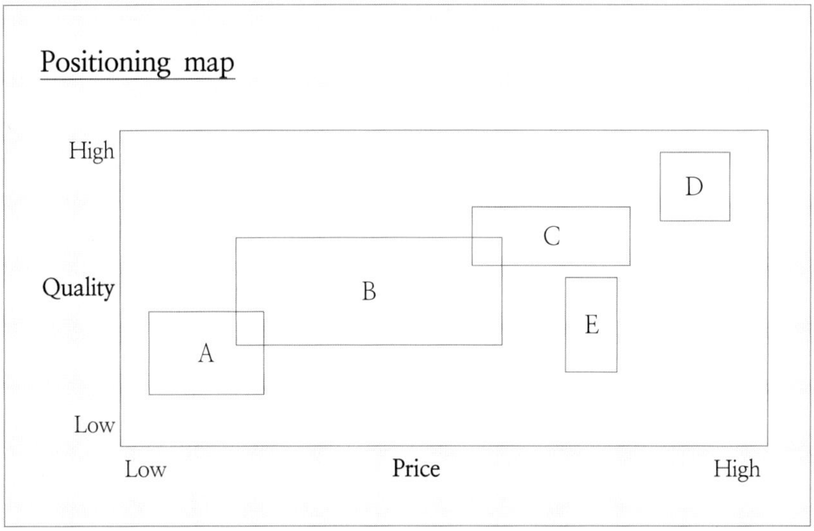

기업은 포지셔닝 맵(Positioning map)을 통해 해외시장 상황을 확인한 후 효과적인 마케팅믹스전략을 구축할 수 있다. 포지셔닝 맵을 그리기 위해서는 세 가지 종류의 정보, 즉 중요한 속성, 각 속성의 정도, 그리고 소비자들의 기존 경쟁브랜드에 대한 인식 등이 필요하다. 경쟁브랜드를 평가할 때는 자사 상품과 유사하거나 경쟁 가능성이 높은 대체재를 포함시킴으로써 상품의 평가 범위를 광범위하게 할 필요가 있다.

포지셔닝 맵은 기업에게 다음과 같은 이점을 제공한다. 첫째, 경쟁사의 포지셔닝 상황을 파악할 수 있다. 둘째, 기업들 간의 경쟁 상황을 분석할 수 있다. 셋째, 틈새시장을 찾아낼 수 있다. 하지만 포지셔닝 맵은 정적인 분석이라는 한계가 있다. 따라서 기업은 변화하는 소비자들의 이미지를 마케팅전략에 반영할 수 있도록 지속적으로 재포지셔닝(Re-positioning)을 할 필요가 있다. 재포지셔닝이란 표적시장에서 타사 브랜드와 차별화될 수 있도록 자사 제품의 아이덴티티(Identity)를 바꾸는 것을 의미한다.

제6장

진입방식 선택

6-1 해외시장 진입방식

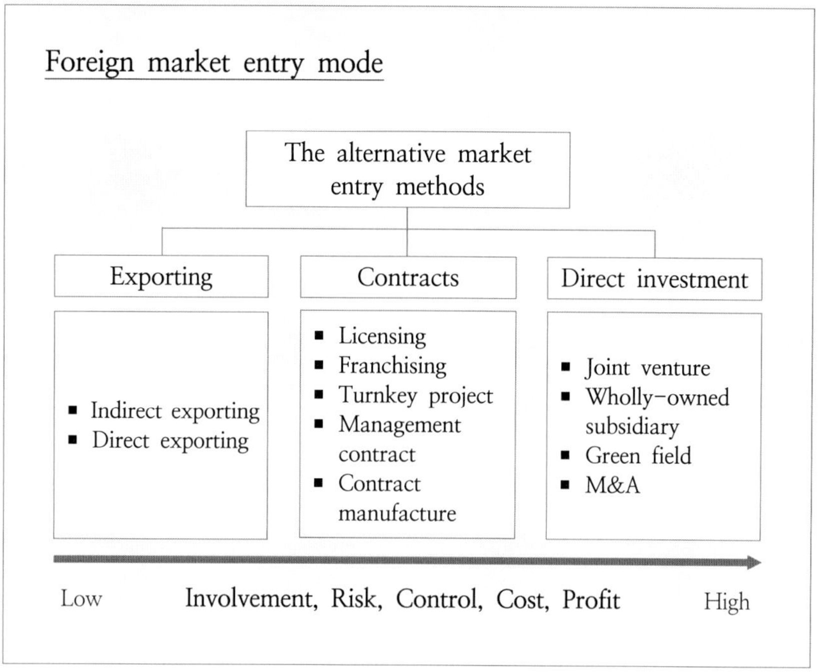

기업은 표적시장을 선정한 후 마케팅 목표를 효과적으로 달성할 수 있는 시장 진입방식(Market entry mode)을 선택해야 한다. 해외시장 진입방식은 다음과 같이 수출·계약·직접투자의 세 가지 방식으로 분류할 수 있다.[1)]

■ 수출(Exporting)

수출은 가장 기본적인 해외시장 진입방법으로 수출중개인을 통한 간접수출(Indirect exporting)과 기업이 직접 해외에 있는 유통업체나 판매법인으로 수출하는 직접수출(Direct exporting)로 구분할 수 있다.

1) 김길성 (2009), 「경영전략」, 전남대학교출판부.

■ **계약**(Contracts)

계약에 의한 진입방식은 일반적으로 기업이 일정한 대가를 받고 브랜드 · 기술 · 경영노하우 등의 무형자산을 외국 기업에게 이전하기로 하는 장기계약을 통해 해외시장에 진입하는 방식이다. 대표적인 계약방식에는 라이센싱(Licensing)과 프랜차이징(Franchising)이 있으며, 플랜트수출과 같은 턴키프로젝트(Turnkey project)와 OEM(Original Equipment Manufacturing)과 같은 계약생산(Contract manufacture) 그리고 경영노하우를 제공하는 관리계약(Management contract)도 계약방식에 포함된다.

■ **해외직접투자**(Foreign direct investment)

해외직접투자는 참여지분의 크기에 따라 합작투자(Joint venture)와 단독투자(Wholly-owned subsidiary)로 구분하고, 투자방법에 따라 신설(Greenfield)과 인수합병(M&A)으로 구분할 수 있다.

6-2 수출

Export motives

	Internal	External
Proactive	▫ Managerial urge ▫ Growth and profit goals ▫ Marketing advantages ▫ Economies of scale ▫ Unique product/ technology competence	▫ Foreign market opportunities ▫ Change agents
Reactive	▫ Risk diversification ▫ Extend sales of seasonal product ▫ Excess capacity of resource	▫ Unsolicited orders ▫ Small home market ▫ Stagnant or declining home market

Source: Albaum G., Strandscov J., Duerr E. and Dowd L. (1994) *International Marketing and Export Management*, 2nd edn. Addison-Wesley Publishing Company.

수출(Exporting)이란 본국에서 생산된 제품을 해외시장에서 판매하는 가장 기본적인 시장 진입방식이다. 일반적으로 국제화의 초기 단계에 있는 기업들이 해외시장에 대한 개입 및 위험 수준이 비교적 낮은 방식을 이용하여 해외시장에 진출하고자 할 때 주로 이용하는 방식이다.

기업의 수출 동기는 매우 다양하다. 첫째, 기업내적 요인에 의한 능동적 동기로 경영자 의지, 성장 및 수익목표, 마케팅우위 활용, 규모의 경제, 독특한 제품 및 기술 등을 들 수 있다. 둘째, 기업외적 요인에 의한 능동적 동기로 해외시장 기회와 대리점 교체 등을 들 수 있다. 셋째, 기업내적 요인에 의한 수동적 동기로 위험 분산, 계절성 제품의 판매 확대, 유휴자원의 활용 등이 있다. 마지막으로, 기업외적 요인에 의한 수동적 동기로 기대하지 않은 수출 주문이나 국내시장의 포화 등을 들 수 있다.[2)]

수출은 간접수출과 직접수출로 구분할 수 있다. 기업이 국제화 초기 단계에서는 비용이나 위험 수준이 낮고 고정자본 투자가 거의 없는 간접수출 방식을 이용하다가, 점차 해외시장에 대한 마케팅 경험과 지식을 축적하게 되면 현지 시장에 대한 통제수준을 높일 수 있는 직접수출 방식으로 전환하게 된다.

■ **간접수출**(Indirect exporting)

간접수출은 기업이 제품을 국내에 있는 중간수출업자(외국기업의 국내 바이어, 다국적기업 조달사무소, 무역상사, 수출관리회사, 협력업체 등)를 통해 해외에 수출하는 것을 의미한다. 일반적으로 수출 경험이 없거나 수출전문 인력을 이용할 수 없는 경우 또는 수출 규모가 아주 작은 경우 등에 활용된다.

간접수출의 장점은 무엇보다도 전문 무역회사의 지명도를 활용하고 시장정보를 활용할 수 있다는 점이다. 그리고 소유권이 판매 시점에서 수출중간상에게 이전되기 때문에 클레임이나 환율변동에 따른 위험을 피할 수 있고, 수출관련 부서를 직접 운영하지 않아도 되기 때문에 비용을 절감할 수 있다는 장점이 있다.

그러나 다음과 같은 단점들도 있다. 첫째, 수출마케팅에 대한 통제권이 없고, 해외 고객의 요구나 반응 등 시장정보를 명확하게 파악할 수 없다. 둘째, 수출중간상과의 분규가 발생하거나 수출 대행을 거절하는

---

2) Albaum G., Strandscov J., Duerr E. and Dowd L. (1994) *International Marketing and Export Management*, 2nd edn. Addison-Wesley Publishing Company.

경우 제품의 판매 기회를 잃게 될 가능성이 높다. 마지막으로, 전문요원을 양성하지 못해 향후 국제경영 활동의 확대에 어려움을 겪을 수 있다.

■ **직접수출**(Direct exporting)

직접수출이란 제품을 생산한 기업이 다른 중간수출업자를 거치지 않고 해외에 있는 대리점이나 유통업체 또는 자회사 등에게 제품을 직접 수출하는 경우를 말한다. 직접수출의 경우, 제품을 생산한 기업이 시장조사 · 고객접촉 · 가격결정 · 물적유통 · 수출서류 작성 등과 같은 제반 수출마케팅 활동을 직접 계획하고 수행하기 때문에 간접수출보다 시장개입 범위가 훨씬 더 광범위하고 판매 및 이익도 증대시킬 수 있다. 그리고 제품판매에 대한 사후서비스를 직접 제공함으로써 기업의 신용도를 높일 수 있다는 장점이 있다.

그러나 수출에 관한 전문적 지식과 시장정보를 습득하고 브랜드 인지도를 높이는 데 많은 비용이 소요된다는 부담이 있다. 특히 클레임이 발생하는 경우, 기업의 경제적 부담과 위험성은 더욱 커진다.

6-3 계약형태의 진입방식

Contractual agreements

Licensing	Licensing is a contractual arrangement whereby the licensor makes a legally protected asset available to the licensee in exchange for royalties.
Franchising	The franchiser grants the legal rights to use branding, trademarks and products to the franchise in return for a franchise fee. This has similarities with licensing but is more complex and involves greater management commitment and expertise as the franchiser makes a total production, operational and marketing programme available.
Contract manufacture	This is manufacturing by proxy, with a third party producing the product under contract. Besides obviating the need for investment and therefore entailing less risk, it avoids labour problems but enables the company to advertise 'local made'.
Management contract	Management contract emphasize the growing importance of services, business skills and management expertise as saleable commodities in international trade. The contracts undertaken are concerned with installing management operating and control systems.
Turnkey project	Turnkey is another example of management contract in which the capital plant and a management team are provided by the firm to set up and run the plant for the first few months of operation, and then train the local team to take over.

Source: Adapted from Doole, I. and Lowe, R. (2008) *International Marketing Strategy*, 5th edn. CENGAGE Learning EMEA; Fifield P. & Lewis K. (2000) *International Marketing Strategy*, Butterworth-Heinemann; Keegan W. J. and Green M. C. (2011) *Global marketing*, 6th edn. Prentice Hall.

수출과 달리 기업이 자사 브랜드를 해외에서 생산하고 판매하는 방식은 직접투자와 투자 없이 계약을 통하는 방식으로 구분할 수 있다. 계약 형태의 진입방식은 기업이 자신이 보유한 기술이나 지식을 일정한 대가를 받고 외국 기업에게 이전하기로 하는 계약을 체결하여 해외시장에 진출하는 방식이다. 이러한 방식은 최근에 보다 더 장기적이고 긴밀한 파트너십 관계를 유지하는 전략적 제휴(Strategic alliance)의 형태를 띠고 있다. 전략적 제휴란 경쟁관계 또는 상호 무관한 두 개 이상의 기업들이 특정 사업 또는 기능별 활동 부문에서 상호 간의 경쟁우위를 활용하기 위해 일정 기간 동안 지속적인 협력 관계를 맺는 것을 의미한다.

■ 라이센싱(Licensing)

라이센싱은 라이센서가 라이센시로부터 로열티를 받고 특허 · 노하우 · 등록상표 · 기술공정 등의 상업적 자산을 라이센시에게 제공하는 계약을 체결함으로써 해외시장에 진출하는 방식이다. 라이센싱은 국내 생산원가가 너무 높고 수출 운송비 부담이 큰 경우 또는 현지 정부의 규제 때문에 현지 생산이 불가능한 경우 등에 주로 활용된다. 라이센싱은 라이센서의 입장에서는 적은 위험과 비용으로 해외시장에 쉽게 침투할 수 있다는 장점이 있고, 라이센시의 입장에서는 유명 제품의 브랜드를 활용할 수 있다는 장점이 있다.

■ 프랜차이징(Franchising)

라이센싱의 한 형태인 프랜차이징은 프랜차이저가 소유권이 독립된 프랜차이지로부터 일정 수수료를 받고 브랜드 · 상호 · 노하우 등에 대한 사용권을 허가해 주고, 기업 운영까지 계속 지원해주는 경영방식이다. 프랜차이저와 프랜차이지는 양 기업이 서로 독립성을 유지하면서 최종 소비자에 이르는 재화 및 서비스의 일부를 각기 생산한다는 점에서 수직적 통합과 유사하다. 프랜차이징은 일반적으로 식품 · 음료 · 렌트카 · 건설 · 호텔 · 주유소 등과 같은 산업에서 많이 이용되고 있다. 프랜차이징은 미국이나 일본과 같은 선진국에서 활성화되어 있고, 한국의 경우

1979년 롯데리아가 처음으로 이 방식을 도입한 후 꾸준히 증가하고 있다.

■ 계약생산(Contract manufacture)

계약생산은 기업이 제품을 직접 생산하여 해외에 수출하는 방식 대신 생산 능력을 가진 현지 기업에게 자사 제품을 생산 및 공급하도록 하고 제품에 대한 마케팅만 기업이 책임을 지는 진입방식이다. 일반적으로 계약생산은 기업이 제품을 직접 생산할 여력이 없거나 현지의 값싼 노동력 및 원자재를 이용하기 위해 아웃소싱 하는 경우나 현지 생산 과정에서 발생할지도 모르는 소유권 문제 등에 따른 충돌을 피하고자 하는 경우에 활용된다. Nike가 활용하고 있는 주문자상표부착방식에 의한 생산(OEM : Original equipment manufacturing)이 대표적인 계약생산 방식이라고 할 수 있다.

■ 관리계약(Management contract)

관리계약은 현지 파트너가 운영시설을 소유하고 외국 파트너가 경영을 담당하는 형태의 경영방식이다. 경영을 담당하는 파트너는 제품 생산과 관련된 일체의 관리적 노하우(Managerial know-how)를 제공하는 대가로 합작업체의 일부 소유권이나 로열티 또는 관리대가를 수수한다.

관리계약은 합작투자에서 쉽게 찾아볼 수 있는데, 다음과 같은 경우에도 자주 이용된다. 현지 정부가 외국 기업이 투자한 자산을 몰수한 후, 자기들이 관리할 수 있을 때까지 외국 업체에게 운영을 위탁하는 경우, 공장설비를 판매한 외국 기업이 그 사업체를 위탁하여 경영하는 경우, 그리고 더 이상 기존 시설의 운영이 불가능하여 다른 사업으로 전환하기 위해 그 시설을 해외 기업에게 위탁하는 경우 등이다.

■ 턴키프로젝트(Turnkey project)

일종의 관리계약인 턴키프로젝트는 플랜트수출(Plant export)이라고도 불린다. 이 방식은 기업이 외국으로부터 공장이나 기타 산업시스템을 발주 받아 이를 설계·건설한 다음, 초기 운영까지 담당한 후 프로젝트를 완공해서 해외 발주자에게 제공하는 방식이다. 여기에 경영관리나 근로자 훈련 등과 같은 서비스를 추가로 제공하는 턴키플러스(Turnkey plus)방식도 있다. 턴키프로젝트 제공업체는 완성된 시설을 제공하고 기계·설비 대금과 공장 설계, 공정 노하우, 현지인 훈련 등에 대한 일정 대가를 지급받는다.

6-4 해외직접투자

<u>Foreign direct investment</u>

Wholly owned subsidiary	This means the investor has ownership of more than 95 percent. It may be achieved by the greenfield investment.
Joint ventures	A joint venture is an entry mode for a single target country in which the partners share ownership of a newly created business entity.
Greenfield investment	It involves starting a new operation from scratch. The firm buys or leases land, constructs new facilities, hire and/or transfer in managers and employees, and then launches the new operation.
Merger and acquisition	M&A involves buying an existing firm or operation in the foreign market. By acquiring a going concern, the purchaser quickly obtains control over the acquired firm's factories, employees, technology, brand names and distribution channel.

Source: Adapted from Doole, I. and Lowe, R. (2008) *International Marketing Strategy*, 5th edn. CENGAGE Learning EMEA; Keegan W. J. and Green M. C. (2011) *Global marketing*, 6th edn. Prentice Hall; Griffin P. W. and Pustay M. W. (1999) *International Business*, 2nd edn. Addison-wesley.

해외직접투자(FDI : Foreign Direct Investment)란 기업이 제품을 해외 현지에서 직접 생산하고 마케팅하기 위해 자본을 현지에 투자하는 방식을 말한다. 현지에서의 제품 생산은 모든 부품을 본국에서 수입하여 현지에서는 단순히 조립·가공만 하는 방식부터 제품 전체를 완전히 현지 생산요소를 사용하여 생산하는 방식까지 다양하다. 해외직접투자는 일반적으로 소유권 정도에 따라 단독투자와 합작투자로 구분하고, 투자

방법에 따라 신설과 인수합병으로 분류한다.

■ **단독투자**(Wholly owned subsidiary)

진입방식 가운데 규모가 가장 큰 형태인 단독투자는 기업이 통상 의결권주의 95% 이상을 자사가 소유하는 형태로 해외에 진출하는 방식이다. 이것은 기업을 새롭게 설립하여 진출하는 신설방식이나 기존기업을 인수·합병하는 방식에 의해 이루어진다.

일반적으로 단독투자 방식에 의한 해외진출은 기업이 강력한 독점적 우위를 소유하고 있거나 제품의 생산과정에서 모기업이 자회사에게 원자재를 공급한다든지 또는 그 반대의 관계가 성립되는 경우 등에 주로 활용된다. 그리고 제품이나 기술에 대한 강력한 통제가 가능하고, 자사의 경영방침을 독자적으로 운영할 수 있으며, 기술이나 노하우의 누출을 방지할 수 있다는 이점이 있다.

■ **합작투자**(Joint ventures)

합작투자는 두 개 이상의 기업·개인·정부기관 등이 특정 기업체의 운영에 공동으로 참여하는 시장 진입방식으로서 전체 참여자가 공동으로 소유권을 갖는다는 특징이 있다. 공동소유의 대상은 주식자본·채무·무형고정자산(특허권·의장권·상표권·영업권)·경영노하우·기술노하우·유형고정자산(기계·설비·토지) 등 아주 다양하다.

합작투자는 사업에 참여하는 기업들이 소유권과 경영을 분담하며, 자본 및 기술 등 상대방 기업이 소유하고 있는 강점을 서로 이용하면서 위험을 분담할 수 있다는 장점이 있다. 따라서 합작투자는 단독투자에 비해 자회사에 대한 통제보다는 현지 파트너의 협력을 필요로 하는 경우에 주로 이용된다.

합작투자는 기업에게 불리한 점도 있다. 첫째, 파트너와 함께 일하면서 발생하는 문제들을 조정하는 데 막대한 비용을 분담해야 한다. 둘째,

파트너 간의 문화적 차이로 인한 충돌 가능성이 크다. 셋째, 파트너가 미래 강력한 경쟁자로 발전할 수도 있다.

■ **신설**(Greenfield investment)

기업이 신설과 인수합병 중 어떤 방법을 통해 해외에 진출할 것인가는 두 가지 진입방식에 따른 예상 위험, 조정 비용, 기업의 능력과 전략, 현지국의 영향 등을 고려하여 결정하게 된다. 신설방식에 의한 해외진출은 다음과 같은 이점을 가지고 있다. 첫째, 기업 자신이 직접 해외시장 개입 규모와 생산시설을 통제할 수 있기 때문에 비용을 절감할 수 있다. 둘째, 인수합병의 경우처럼, 피인수기업의 문제점 등을 떠맡게 될 위험이 없다. 셋째, 가장 최신의 생산기술 및 경영기법을 활용할 수 있다. 넷째, 생산 활동 · 고용 · 경쟁을 증대시켜주기 때문에 현지로부터 환영을 받는다. 다섯째, 진출기업 자신이 직접 가장 저렴한 입지를 선택할 수 있다. 마지막으로, 인수 대상기업을 찾을 수 없는 경우 차선의 대안으로 이용할 수 있다.

■ **인수합병**(M&A : Merger and acquisition)

인수합병은 기업을 새롭게 설립하는 신설과 달리, 둘 이상의 기업이 하나로 통합되어 단일 기업이 되는 합병(Merger)과 어떤 한 기업이 다른 기업의 주식 또는 자산을 취득하여 경영권을 획득하는 인수(Acquisition)가 결합된 개념이다. 이 방식은 기업이 외부 경영자원을 일시에 획득하여 신속하게 국제적 성장을 도모코자 할 때 활용할 수 있는 가장 적극적인 해외투자방식이다.

인수합병 방식에 의한 해외시장 진입은 다음과 같은 장점을 가지고 있다. 첫째, 해외시장 진출과 투자자본의 회수가 신속하다. 둘째, 현지의 계속기업을 인수함으로써 초기운영에 발생할 수 있는 문화적 · 법률적 · 관리적 문제를 피할 수 있다. 셋째, 현지기업의 기술 · 상표 · 유통구조 · 인력 · 경영기법 등을 일거에 획득할 수 있다. 마지막으로, 피투자국의 경쟁구조를 교란시키지 않기 때문에 경쟁기업의 보복을 피할 수 있다.

6-5 진입방식 결정요인

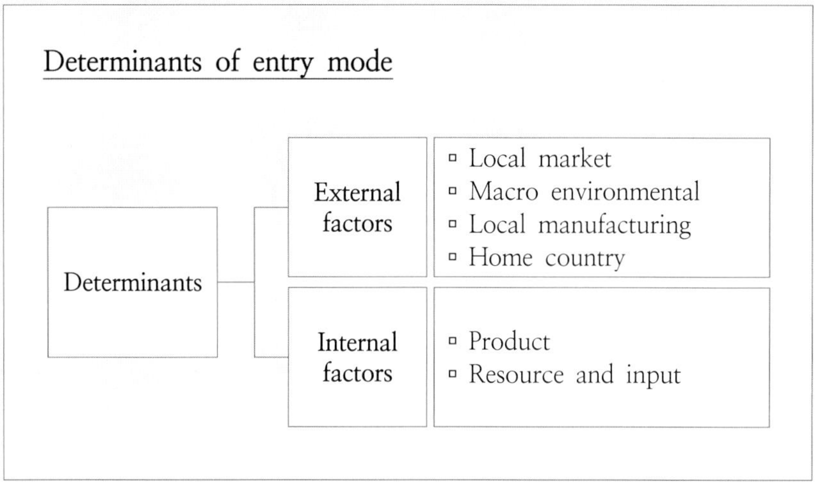

기업의 해외시장 진입방식 결정에 영향을 미칠 수 있는 요인에는 현지국과 본국 요인 외에도 마케팅 능력이나 자원의 투입 정도 등과 같은 기업내부 요인들도 포함된다. 이들 요인들을 다음과 같이 기업외적 요인과 기업내적 요인으로 구분할 수 있다.

■ 기업외적 요인

□ 현지 시장요인

현지 시장의 잠재력을 평가할 수 있는 변수들로 시장규모 · 경쟁구조 · 유통구조 등이 있다.

□ 현지 거시환경요인

정부정책 및 규제, 정치적 위험, 사회 · 문화적 거리, 경제 체제 및 지표, 기술 추이 등과 같은 거시환경요인도 시장진입에 영향을 미치는 주요 요인이다.

□ 현지 생산요인

사회간접자본 · 원료 · 노동 등과 같은 생산요인은 직접투자 방식에 의한 현지 생산에 매우 중요한 요인들이다.

□ 본국 요인

기업의 본국 요인 또한 해외진출에 상당한 영향을 미친다. 특히 시장규모, 경쟁구조, 생산비, 정부의 정책적 지원 등과 같은 요인들은 수출과 직접투자 간의 선택에 큰 영향을 미친다. 한국기업들의 활발한 수출 활동은 본국 요인에 의한 영향이 크다고 할 수 있다.

■ 기업내적 요인

□ 제품 요인

기업내부의 다양한 요인들도 해외시장 진입방식의 선택에 영향을 미친다. 특히 마케팅믹스 중 제품 요인은 주요 결정요인 중 하나이다. 특히 제품 및 서비스의 차별화 정도, 사전 · 사후 관리의 필요성, 제품 및 서비스의 형태 등이 진입방식과 관련이 있다.

□ 전략적 목표 및 자원투입 요인

기업의 전략적 목표와 최고경영자의 자원투입 의지도 중요한 결정요인이다. 자원보유 상태도 선택에 영향을 미치는 주요 변수이지만, 무엇보다도 기업이나 경영자가 전략적 목표와 투자 의지를 가지고 있지 않다면 고도의 진입방식을 통한 해외진출은 불가능하다.

6-6 진입방식의 선택

Considerations for market entry decisions

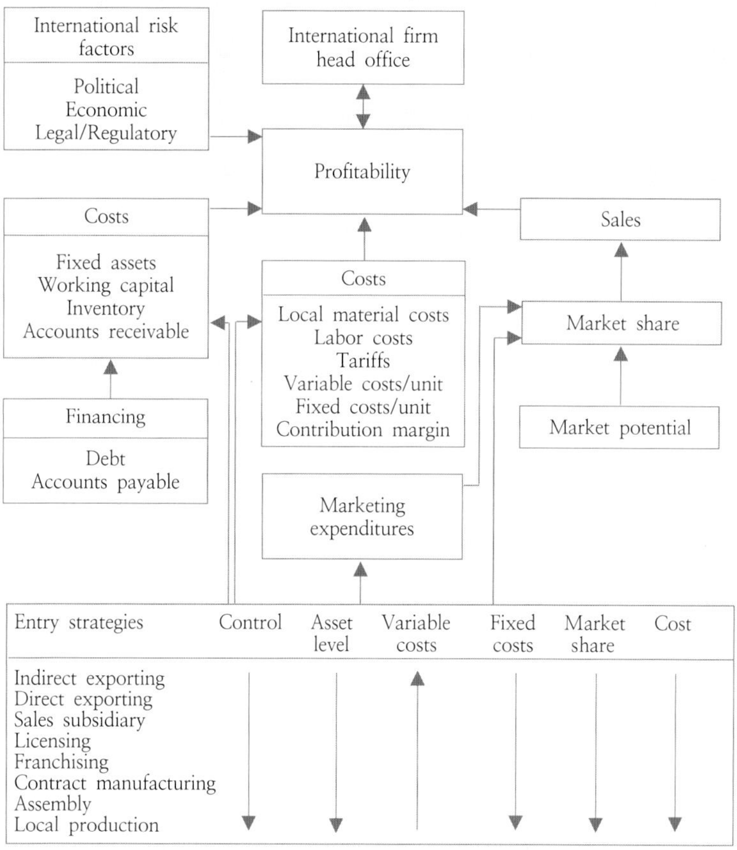

Source: Adapted from Jeannet J. P. and Hennessey H. D. (1998) *Global Marketing Strategies*, Houghton Mifflin.

일반적으로 기업들은 점진적 학습과정(Learning process)을 따라 진입방식의 선택을 고도화한다. Root는 기업이 해외시장에 진출해서 시장에 대한 경험과 지식이 축적되면 보다 강한 통제를 위해 고도의 위험이 수반되는 진입방식을 선택한다고 주장하였다. 예를 들어, 기업이 초기에 위험도가 가장 낮은 간접수출로 시작해서 직접수출이나 라이센싱을 거친 후 해외판매자회사 설립, 합작투자, 단독투자 등의 순서로 해외시장 진입방식을 고도화시킨다는 것이다.[3)]

Rugman 등은 단순모델을 통해 해외시장 진입방식의 선택에 대해 다음과 같이 설명하였다. 해외진출 초기에 기업은 위험 수준이 가장 낮고 자원투입이 적은 수출방식을 선택하게 된다. 그 후 무역장벽으로 인해 수출이 불가능하게 되면, 기업은 다음 단계로 라이센싱과 해외직접투자 중 한 가지 대안을 모색하게 된다. 이때 기업은 자신이 보유하고 있는 기술의 유출로 경쟁우위가 잠식당할 가능성이 크다고 판단되면, 자원투입이 상대적으로 많이 요구될지라도 기술유출을 피할 수 있는 해외직접투자 방식을 선택한다. 하지만 기술이 유출되더라도 자사의 경쟁우위가 잠식당할 가능성이 크지 않다고 판단되면, 기술유출의 피해가 적은 라이센싱을 선택하게 된다.[4)]

앞에서 살펴본 바와 같이, 일반적으로 기업들은 통제와 위험 등의 수준을 고려해 해외시장 진입방식을 선택한다. 하지만 환경의 불확실성이 커질수록 위험과 통제요인을 정확하게 분석하는 것이 쉽지 않다. 따라서 표적시장에 따라 진입방식의 선택에 영향을 미치는 변수들을 정확히 분류해서 체계적으로 분석할 수 있는 효율적 평가시스템의 이용이 필요하다. Jeannet와 Hennessey는 기업의 진입방식 선택을 지원하기 위해 필요한 데이터들을 체계적으로 분석할 수 있는 복합 모델을 제시하였다. 이 모델은 진입방식에 따른 비용과 수익 요인을 비교함으로써 기업이 최적의 선택을 할 수 있도록 지원한다. 여기에서는 우선 변수들 간의 관계를 올바르게 이해하고, 선택된 진입방식으로부터 발생된 이익과 기업이 기대하는 결과 간의 관계를 명확하게 이해하는 것이 중요하다. 참고로 위 그림에서 진입방식의 각 요소별 화살표 방향은 크기의 증가와 감소를 나타낸다.

---

3) Root F. R. (1994) *Entry Strategies for Information Markets*, Lexington Books.

4) Rugman A. M., Lecraw D. J. and Booth L. D. (1986) *International Business: Firm and Environment*, McGraw-Hill.

제7장

글로벌전략

7-1 글로벌화의 의미

Globalization

Globalization is about treating the world as one market both for marketing and for production purposes.

Globalization as a strategy offers significant potential savings through economies of scale but is also cleary an inappropriate strategy in certain situations. The key to understand globalization is being able to differentiate the times and occasions when it is a suitable strategy for the organization and when it should be avoided in favor of other, more local, approaches to markets.

Source: Adapted from Fifield P. & Lewis K. (2000) *International Marketing Strategy*, Butterworth-Heinemann.

글로벌화(Globalization)는 1983년 Harvard Business Review에 실린 Theodore Levitt의 논문을 통해 하나의 이슈로서 세상에 알려지기 시작했다. 글로벌화란 국가 단위의 수많은 시장들이 국경 구분 없이 하나의 세계적인 시장으로 통합되는 과정을 의미한다. 따라서 기업 입장에서는 생산이나 마케팅 목적에서 세계를 하나의 시장으로 간주하는 것이다. Levitt은 기업들이 글로벌화 된 해외시장에서 표준화된 마케팅활동을 통해 훨씬 더 효율적이고 효과적인 성과를 얻을 수 있다고 주장하였다. 실제로 글로벌화는 몇몇 국가가 아닌 전 세계 시장을 대상으로 경쟁하는 기업들의 경영 활동・경쟁・전략의 글로벌화와 함께 마케팅 활동의 표준화에 영향을 미치기 시작하였다.

하지만 글로벌화에 대한 논쟁이 심해지면서, Levitt은 글로벌화가 완전한 표준화를 의미하는 것이 아니고 경우에 따라서는 현지화도 필요하다는 주장을 하게 되었다. 즉 'think global, act local'이 해외시장에서 적절한 글로벌전략이 될 수 있다는 것이다. 따라서 국제마케팅관리자들은 기업 글로벌화를 촉진시키는 요인과 억제시키는 요인들을 명확하게 구분할 필요가 있다. 이것에 따라 마케팅믹스의 표준화와 차별화 정도를 결정할 수 있기 때문이다. 기업은 시장의 글로벌화를 표준화된 마케팅전략을 통해 성과를 극대화시키는 동시에 특정 운영 활동은 현지에 적응시킴으로써 단기적 수익 창출을 극대화시키는 경로로 활용할 필요가 있다.

7-2 기업 글로벌화 촉진요인

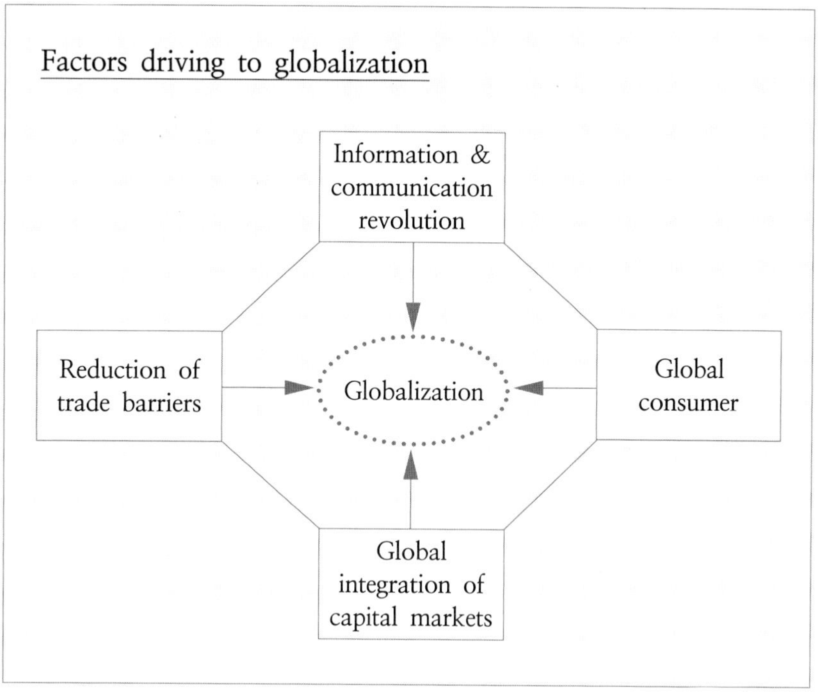

환경에서의 수많은 동인들이 글로벌경영 활동의 급속한 확대에 영향을 미치고 있다. 특히 정보와 커뮤니케이션 기술의 발달은 글로벌시장 창출에 중대한 영향을 미쳤다. 기업 또한 전 세계적으로 입지를 구축하고 글로벌전략을 개발함으로써 글로벌화를 더욱 가속화시켰다. 이처럼 기업 글로벌화는 기술개발에 의한 시장 글로벌화뿐만 아니라 기업의 전략 및 비용 측면에서 그 원인들을 다양하게 찾아볼 수 있다. 기업 글로벌화의 주요 촉진요인들은 다음과 같다.[1)]

■ 정보 및 커뮤니케이션 기술의 발달

인공위성 · 인터넷 · 모바일 폰과 같은 커뮤니케이션 수단의 발달은 소

1) 김길성 (2009), 「경영전략」, 전남대학교출판부.

비자의 구매결정과정뿐만 아니라 기업의 경영 활동에도 획기적인 변화를 가져왔다. 무엇보다도 기업들은 커뮤니케이션 기술의 발달로 인해 마케팅을 비롯한 다양한 경영 활동을 신속하게 처리함으로써 글로벌경영을 더디게 했던 지리적·시간적 장벽을 극복할 수 있게 되었다. 결국 커뮤니케이션 수단의 발달은 기업과 소비자의 글로벌화와 함께 시장의 글로벌화를 더욱 가속화시키고 있다.

■ 시장 개방

각국의 시장 개방은 글로벌화의 주요 요인으로 작용했다. 특히 각국 정부의 규제 완화와 WTO 출범과 같은 외부환경의 변화로 무역 및 외국인투자 장벽이 철폐되면서 기업의 글로벌화 속도가 더욱 빨라질 수 있었다. 다국적기업 또는 초국적기업들은 국제무역 및 해외직접투자와 같은 국제경영 활동을 통해 그들의 규모를 더욱 확대시키고자 한다. 규모의 경제와 범위의 경제를 확대하려는 기업의 욕구가 시장 개방과 맞물리면서 글로벌화가 더욱 촉진될 수 있었던 것이다.

■ 글로벌 소비자

지역이나 연령에 관계없이 소비자들의 교육 및 경제수준 향상과 도시화 및 고급화 경향이 그들의 소비행태를 유사하게 만들면서 시장의 글로벌화를 가속화시키고 있다. 특히 전 세계 GDP의 상당 부분을 차지하고 있는 선진국 소비자들의 라이프스타일이나 브랜드의 선택은 거의 차이가 없을 정도로 유사해지고 있다. 그들은 아침에 Nike나 Adidas 운동화를 신고 조깅을 하고, 틈나는 대로 iPhone을 통해 소식을 전하며, 저녁에는 LG나 Samsung의 3D TV로 Hollywood 영화를 즐긴다. 그리고 다가오는 휴일을 위해 Expedia를 통해 국내외 여행계획을 세운다. 결국 소비자의 동질화가 글로벌기업의 성장과 함께 글로벌 브랜드의 개발도 촉진시키는 것이다.

■ 세계 자본시장의 통합

각국 정부의 시장개방과 금융규제 완화, 그리고 급속한 정보통신 기술의 혁신은 국제 금융시장과 국내 금융시장 간의 상호 의존성을 높여주면서 세계 자본시장의 통합을 촉진시켰다. 특히 1970년대부터 글로벌은행들이 고도의 국제금융기법을 이용해 각국 금융시장의 연계성을 강화하면서 자본시장의 글로벌화가 더욱 촉진되었다. 글로벌은행들은 세계적인 네트워크를 이용하여 국제적인 자본 결제 및 투자서비스 등을 제공함으로써 국가 간의 자유로운 자본 이동을 확대시켰다. 결국 세계 자본시장의 통합이 기업의 글로벌 포트폴리오 전략을 활성화시켰고, 이는 곧 기업의 글로벌화를 촉진시키는 요인이 되었다.

7-3 기업 글로벌화 억제요인

Factors inhibiting globalization

- Customer tastes
- Culture
- Local market conditions
- Government restrictions

Source: Adapted from Fifield P. & Lewis K. (2000) *International Marketing Strategy*, Butterworth-Heinemann.

기업 글로벌화의 촉진요인만큼 억제요인들도 다양하다. 기업은 이들 요인 때문에 표준화된 글로벌마케팅전략보다는 차별화된 전략을 수립하는 것이 더 효과적인 경우들이 많다. 글로벌화 억제, 즉 현지화 및 차별화를 촉진시키는 요인은 시장 · 비용 · 정부 등 다양한 측면에서 살펴볼 수 있다. 이들 요인 가운데 소비자의 기호 차이, 문화적 차이, 현지 시장 조건, 그리고 현지 규제 등이 대표적인 억제요인에 속한다.

■ 소비자 기호 차이

글로벌화는 해외시장에 대한 광범위한 표준화에 기반을 두고 있다. 어떤 형태의 표준화든 그것을 적용하기 전에 다양한 시장의 고객 기호들을 먼저 표준화시켜야 한다. 만약 소비자들이 여느 해외시장과 다른 제품이나 서비스를 선호한다면 그들은 표준화된 제품이나 서비스를 구매하지 않을 것이다. 심지어 기호가 동일한 시장에서조차 효과적인 시장진입을 위해 기업들이 제품이나 마케팅믹스의 다른 요소들을 현지 기준에 따라 차별화시키는 경우들이 많다. 예를 들어, 대표적인 글로벌기업,

McDonald's는 인도에서 쇠고기나 돼지고기 대신 닭고기나 생선 햄버거를 판매한다.

■ **문화적 차이**

일반적으로 상이한 문화권에 속해 있는 사람들은 사고방식과 가치관 등이 다르게 나타난다. 따라서 문화적 차이에 따라 소비자의 구매행동도 상이한 행태를 띨 수밖에 없다. 더구나 문화는 구성요소가 매우 다양하고 복잡하여 마케팅 프로그램의 현지화를 강하게 자극할 것이다. 결국 많은 국제기업들이 현지시장에서의 마케팅 효과를 높이기 위해서는 추가적 비용의 발생에도 불구하고 차별화전략을 선택하지 않을 수 없다.

■ **현지 시장조건**

현지 시장조건은 기업이나 제품에 따라 다양하겠지만, 대부분 특정 국가나 지역의 주체성, 표적시장에서 개인주의의 비중, 현지 소비자들의 구매행동에서 민족주의적 성향과 같은 이슈들이 포함된다.

■ **현지 정부 규제**

일반적으로 각국 정부는 자국 산업이나 국민 보호를 위해 법률 등을 통해 특정 제품의 생산이나 수입을 규제한다. 특히 의약품이나 식품 등은 안전 및 위생 등의 문제로 제품의 성분이나 규격 등을 강력하게 규제하는 경우가 많다. 이와 같이 국가별로 상이한 정부규격은 소비재는 물론 산업재의 제품 적응을 불가피하게 만드는 주요 요인 중 하나이다.

7-4 국제기업의 전략적 대안

Strategic alternatives for global integration and local responsiveness

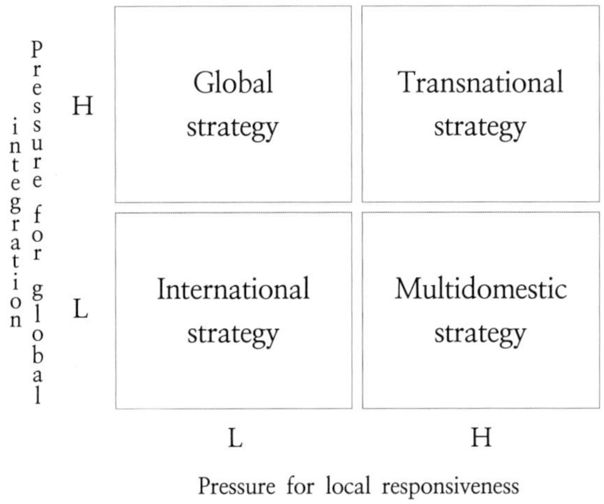

Source: Adapted from Goshal S. & Nohria N. (1993) "Horses for Courses: Organizational Forms for Multinational Corporations," *Sloan Management Review*, Winter, pp.27-31.

일반적으로 국제기업(International firms) 또는 다국적기업(Multinational corporations)들은 글로벌 효율성(Global efficiencies)과 다국적 유연성(Multinational flexibility), 그리고 세계적 학습(Worldwide learning) 효과의 균형적 조화를 위해 글로벌 통합 압박과 현지 적응 압력을 기준으로 다음 네 가지 전략적 대안들 가운데 하나를 선택한다.[2)]

2) Griffin R. W. and Pustay M. W. (1999) *International Business : A managerial perspective*, 2nd edn. Addison-wesley.

■ **국제적전략**(International strategy)

국제적전략을 수행하는 국제기업은 해외시장에서의 주요 경쟁무기로 국내시장에서 창출된 핵심역량이나 기업특유의 우위를 그대로 활용한다. 예를 들면, Mercedes-Benz's는 자사의 유명 브랜드와 기술적 명성을 그대로 활용해 고급승용차라는 특정 세분시장에 진입하는 국제적전략을 주로 채택한다.

■ **다국내전략**(Mutidomestic strategy)

다국내전략을 수행하는 기업들은 자신을 특정 국내시장에 각각 초점을 맞추고 있는 독립된 자회사들의 집단으로 간주한다. 이들 자회사들은 현지 고객의 니즈에 최대한 부응할 수 있도록 자신들만의 제품을 주문받고 마케팅활동을 수행하며 기술을 운영한다. 다국내전략은 국가시장 간의 차이가 현저하고 규모의 경제가 낮으며 기업 간 조정비용(Coordination cost)이 클 때 효과적이다. 하지만 Porter는 다국내전략이 기업 간의 강력한 조정과 통제를 필요로 할 때 선택할 수 있는 전략이라고 주장한다. 이 부분에 대해서는 배치와 조정에 관한 설명과 함께 뒤에서 다시 살펴보고자 한다.

■ **글로벌전략**(Global strategy)

글로벌기업은 세계를 하나의 시장으로 보고 전 세계 고객들의 동일한 니즈를 충족시킬 표준화된 제품 및 서비스의 창출을 마케팅 목표로 삼는다. 따라서 글로벌전략은 다국내전략과 정반대의 전략이라고 할 수 있다

■ **초국적전략**(Transnational strategy)

초국적전략은 글로벌기업이 추구하는 규모의 효율성과 다국내기업이 추구하는 현지 적응의 혜택을 동시에 추구한다. 따라서 초국적기업은 효율성과 유연성의 두 가지 목표를 달성하기 위해 경영기능과 의사결정에 관한 권한을 완전히 본사에 집중화하거나 또는 자회사에 분산시키지 않는다. 예를 들어, R&D나 재무에 관한 기능 및 의사결정은 본사에 집중시

키고, 인사관리나 마케팅과 같은 기능은 분산화시킴으로써 자회사의 관리자가 현지 문화 및 경영환경에 맞게 경영활동을 적응할 수 있도록 전략을 수행한다. 초국적기업의 글로벌화와 현지화에 대해서는 다음 절에서 Unilever 사례와 함께 다시 살펴보고자 한다.

7-5 초국적기업의 글로벌화와 현지화

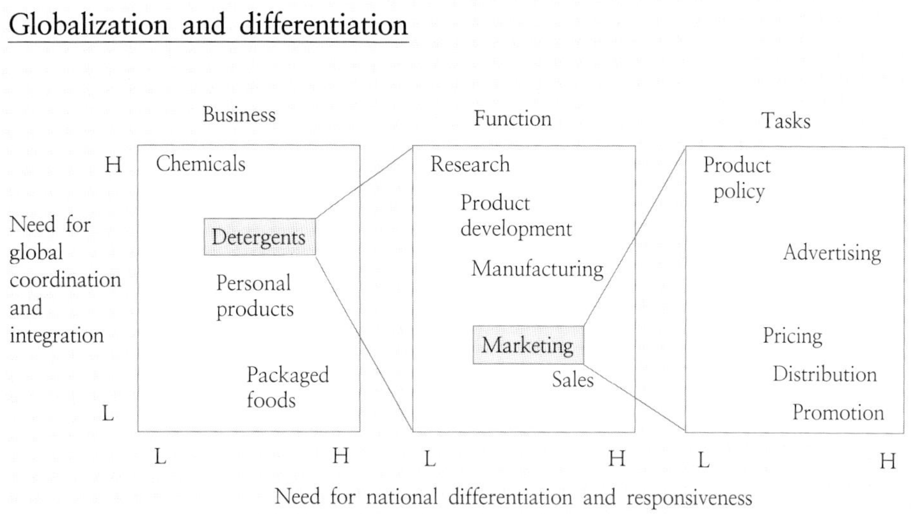

Source: Bartlett C. A. and Ghoshal S. (1989) *Managing Across Borders: The Transnational Solution*, Harvard Business School Press.

국제기업의 글로벌화와 현지화는 사업의 성격과 주요 활동에 따라 그 필요성의 정도가 달라진다. Bartlett과 Ghoshal에 의해 개발된 '글로벌화/현지화 프레임워크'에 의하면, Unilever의 경우, 세제사업은 화학산업보다 글로벌 조정 및 통합의 필요성이 작지만 포장식품보다는 훨씬 크다. 세제사업 내에서도 마케팅은 연구나 제품개발에 비해 현지화의 필요성이 큰 기능이다. 마케팅 중에서도 가격·유통·판촉과 같은 업무는 제품정책이나 광고보다 현지화의 요구가 강한 편이다.[3] 따라서 기업의 글로벌전략은 사업·기능·업무별로 글로벌 통합과 현지 차별화 간의 균형을 이루는 초국적전략의 성격을 갖는 것이 중요하다.

3) Bartlett C. A. and Ghoshal S. (1989) *Managing Across Borders: The Transnational Solution*, Harvard Business School Press.

■ **국제적조직**(International organization)

국제적조직은 다국적조직의 변형으로서 본사가 지식과 기술을 개발한 후 현지의 요구에 맞추어 해외자회사에게 이전하며, 공식적인 보고시스템 등을 통해 해외자회사를 통제하는 조직형태라고 할 수 있다.

■ **글로벌조직**(Global organization)

글로벌조직은 세계 시장을 하나의 단일 시장으로 간주하고 본사 주도의 표준화된 글로벌제품을 생산함으로써 규모의 경제효과를 효율적으로 제고할 수 있다. 본사가 막강한 전략적 권한을 가지고 있으며 관리자를 해외자회사에 파견함으로써 각각의 사업단위 간 조정을 용이하게 할 수 있는 조직형태이다.

■ **초국적조직**(Transnational organization)

글로벌조직은 규모의 효율성을 추구할 수 있지만 현지 시장의 요구를 적절하게 반영하기 어렵고, 다국적조직은 현지 차별화에 적절하게 반응할 수 있지만 효율성이 떨어진다. 국제적조직도 글로벌기업보다는 효율성이 떨어지고 다국적기업보다는 현지에 대한 적응이 더디다는 단점을 가지고 있다. 이러한 딜레마를 해결하기 위해 1980년대 중반 통합 네트워크형 조직이 새롭게 등장하였다. 이 조직은 글로벌 통합과 현지 차별화를 동시에 추구하는 초국적기업(Transnational corporation)의 조직형태로, 각각의 사업단위가 독립적인 활동을 하지만 상호 긴밀한 협력과 함께 전략적 의사결정 과정을 공유하는 특징을 가지고 있다.

7-8 기업 글로벌화 수준

Dimensions of globalization of the firm

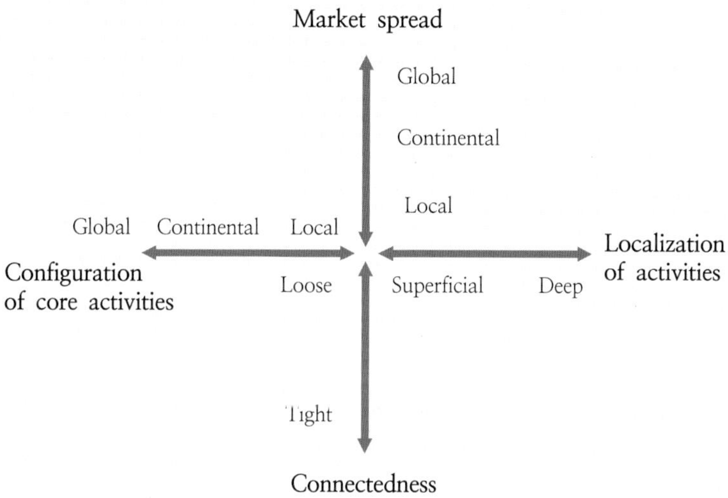

Source: Lessard D. R. (2003) "Frameworks for Global Strategic Analysis," *Journal of Strategic Management Education* 1(1).

Lessard는 시장범위, 핵심활동의 배치, 관계, 그리고 활동의 현지화 변수들을 이용하여 기업의 글로벌화 수준을 평가하였다. 변수 가운데 시장범위와 핵심활동의 배치가 주로 기업의 유형적 행동을 의미하는 반면, 관계와 활동의 현지화는 주로 무형적 성격을 띤 변수들이다.[6)]

■ 시장범위(Market spread)

시장범위란 기업이 제품을 판매하는 시장의 지리적 범위를 의미한다.

---

6) Lessard D. R. (2003) "Frameworks for Global Strategic Analysis," *Journal of Strategic Management Education* 1(1).

글로벌화 수준이 높아질수록 판매시장이 한 국가로부터 대륙, 글로벌시장 순으로 확대된다.

■ **핵심활동의 배치**(Configuration of core activities)

핵심활동의 배치란 기업이 핵심역량을 가지고 있는 기능 및 활동의 지리적 배치를 의미한다. 글로벌기업의 가치활동은 운송비나 조정비 등을 고려하여 지역의 구분 없이 가장 적합한 장소에서 적합한 규모로 수행된다.

■ **관계**(Connectedness)

관계란 기업 상호 간의 협력 및 조정 그리고 노하우의 공유 및 공동개발을 의미한다. 글로벌 수준이 높아질수록 상호 간에 조정이 강하게 이루어지며 관계가 긴밀하게 유지한다.

■ **활동의 현지화**(Localization of activities)

활동의 현지화란 기업이 다양한 해외시장환경에 반응하고 개입하는 정도를 의미한다. 이것은 특정 시장에서 제품을 단순히 적응하는 것보다 훨씬 강도 깊은 시장 개입의 개념으로 이해해야 한다. Lessard는 이 변수를 아주 강도가 약한 단계에서 가장 강한 단계, 즉 현지 시장의 게임규칙에 영향을 미칠 정도의 충분한 현지화 단계까지 다섯 단계로 구분하였다.

INTERNATIONAL MARKETING STRATEGY

제Ⅳ부

전략 실행 및 통제

제8장

국제제품전략

8-1 제품의 개념

The nature of services

Intangibility	We are unable to see, touch, smell or feel services (education and air transportation).
Perishability	Services can not be stored and these left unsold today cannot be sold tomorrow.
Heterogeneity	Services are very rarely the same, because they involve interactions between people.
Inseparability	The consumption of the service normally take place at the same point at which it is created, therefore being inseparable from the source of that service.

Source: Adapted from Fifield P. & Lewis K. (2000) *International Marketing Strategy*, Butterworth-Heinemann.

제품이란 소비자의 기능적·감각적·상징적 욕구를 충족시키기 위해 시장에 출시되어 소비자의 관심·취득·사용의 대상이 되는 유형의 재화와 서비스를 의미한다. 제품은 다음과 같이 여러 가지 기준에 따라 다양한 유형으로 분류된다.

■ 용도

□ **소비재**(Consumer product)

소비재란 소비자나 가계가 최종 소비를 목적으로 구매하는 재화를 의미한다.

□ **산업재**(Industrial product)

주로 기업이 제품이나 서비스를 추가 생산 및 가공할 목적으로 구매하는 재화를 의미한다.

■ **구매형태**

□ **편의품**(Convenience goods)

소비자가 제품 구매를 위해 특별히 노력을 기울이지 않는 재화로, 제품을 편리하게 구입할 수 있는 개방적 유통이 필요하다.

□ **선매품**(Shopping goods)

소비자가 제품 특성을 기준으로 여러 제품 대안을 비교 및 평가한 후 구매할 정도로 개인적 측면에서 중요한 재화이다.

□ **전문품**(Speciality goods)

소비자가 구매를 위해 특별한 노력을 기울이는 제품으로 제품차별성 · 소비자 관여도 · 상표충성도가 매우 높다.

■ **내구성**

□ 사용 기간에 따라 내구재(Durable goods)와 비내구재(Nondurable goods)로 구분할 수 있다. 일반적으로 생활용품은 비내구재가 많다.

■ **유형성**

□ 재화의 형태에 따라 유형재화(Tangible goods)와 무형재화(Services)로 구분한다.

마케팅에서 제품이란 유형재화와 서비스를 모두 포함한다. 순수 유형재화 로 '소금'을, 순수 서비스로 '교육'과 같은 예를 들 수 있지만, 사실

서비스 요소가 없는 순수 유형재화를 찾아보기 어려울 정도로 거의 모든 제품들이 유형재화와 서비스가 결합되어 있다. 하지만 서비스는 다음과 같은 측면에서 유형재화와 차별적인 특성을 가지고 있다.[1)]

■ **무형성**(Intangibility)

형태가 없기 때문에 보거나 만질 수 없다.

■ **소멸성**(Perishability)

저장이 불가능하기 때문에 오늘 팔리지 않은 서비스를 그대로 내일 다시 팔 수 없다.

■ **이질성**(Heterogeneity)

서비스는 제품과 달리 서로 같은 외형이나 특성을 가지기 어렵다. 그 이유는 서비스가 사람들 간의 상호작용과 관련되어 있기 때문이다.

■ **불가분성**(Inseparability)

일반적으로 서비스는 생산과 소비가 동시에 이루어진다. 따라서 소비를 서비스 원천으로부터 분리하기 곤란하다.

위와 같은 서비스만의 차별적 특성들로 인해 서비스 마케팅믹스는 제품의 일반적인 4P에 다음과 같이 3P를 추가적으로 고려할 필요가 있다.

■ **인력**(People)

서비스는 사람을 통해 고객에게 가치가 제공된다. 따라서 직원들이 높은 수준의 서비스를 유지할 수 있도록 동기 부여와 함께 효과적인 훈련이나 교육과 같은 인력 양성이 필요하다.

---

1) Doole, I. and Lowe, R. (2008) *International Marketing Strategy*, 5th edn. CENGAGE Learning EMEA.

■ **공정**(Process)

서비스의 성공은 고객의 전체적인 경험에 의해 좌우된다. 따라서 공정의 원활한 흐름을 위해 서비스 공정을 처음부터 마지막까지 체계적으로 잘 설계할 필요가 있다.

■ **물리적 외관**(Physical aspects)

서비스 제공 장소인 점포의 외관이나 구성물 등은 고객의 전반적인 경험과 만족도를 향상시킨다. 따라서 점포나 사업장의 효과적인 분위기 조성을 위해 적합한 인공물을 사용하거나 로고 등의 기업 아이덴티티를 적절하게 이용함으로써 고객인지도 및 충성도를 높일 필요가 있다.

8-2 제품의 구성요소

Product components

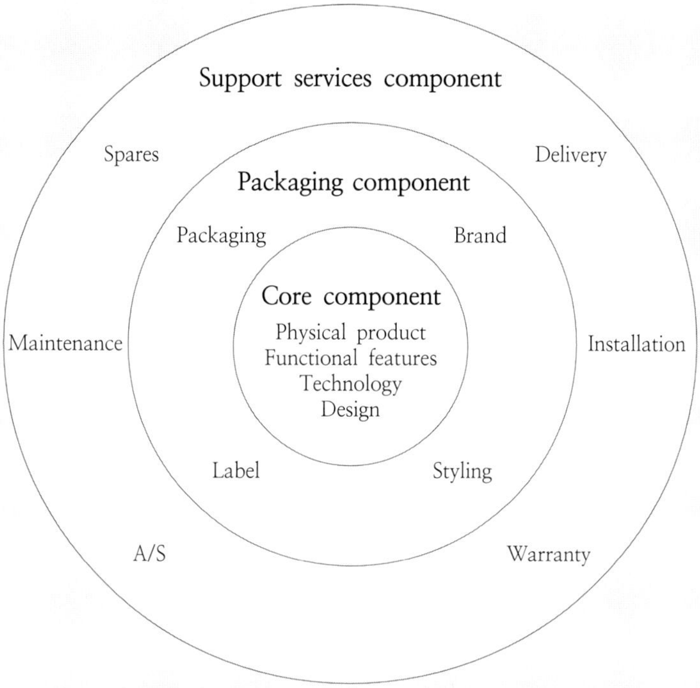

Source: Adapted from Albaum G., Strandskov J., Duerr E. and Doed L. (1998) *International Marketing and Export Management*, 3rd edn. Addison-Wesley Publishing Co.

제품은 소비자에게 제공되는 물리적 제품이나 기술 또는 기능적 특성 외에도 포장이나 보조서비스 등을 포함시킨 광의의 개념으로 이해할 필요가 있다. 그 이유는 최근 들어 이들 요소들이 제품의 경쟁력 향상에 중요한 역할을 하고 있기 때문이다. 제품의 구성요소는 다음과 같이 핵심요소 · 포장요소 · 보조서비스요소로 구분할 수 있다.

■ **핵심요소**(Core component)

물리적 제품 · 기능적 특징 · 디자인 · 기술 등 진정으로 소비자의 구매를 유혹하는 핵심적 혜택을 의미한다.

■ **포장요소**(Packaging component)

포장 · 브랜드 · 등록상표 · 표찰 · 스타일 등과 같이 제품의 가치나 효용 증대에 중요한 역할을 하는 요소를 말한다.

■ **보조서비스요소**(Support services component)

배달 · 설치 · 신용판매 · 보증 · 애프터서비스 등과 같이 소비자의 제품 구매결정에 중대한 역할을 하는 부가적 서비스를 의미한다.

8-3 제품적응의 필요성

Reasons for adaptation of the products

Cultural factors	McDonald's and Burger King changed the main ingredients from beef and pork to chicken in India.
Usage factors	Honda found that whereas Japanese riders were only able to travel short distance, American riders were used to riding the bikes over longer distance and much rougher terrain.
Legal standards	Pharmaceutical companies experience problems in introducing products into different markets, because individual governments have differing standards of public health and approaches to healthcare.
Product liability	The area of law in which manufacturers, distributors or others who make products available to the public are held responsible for the injuries those products cause

Source: Adapted from Doole, I. and Lowe, R. (2008) *International Marketing Strategy*, 5th edn. CENGAGE Learning EMEA.

국제기업이 국내에서 판매하던 기존 제품을 그대로 해외시장에 출시할 것인가, 아니면 현지 시장에 맞게 적응할 것인가의 선택은 국제제품 관리에서 가장 중요한 의사결정 중 하나이다. 기업은 국제시장에서 제품의 표준화를 통해 얻을 수 있는 여러 가지 혜택에도 불구하고, 다양한 환경적 요인으로 인해 제품을 적응화(Adaptation)한다.

제품적응은 적응화 여부의 자율성에 따라 필수적 적응(Mandatory adaptation)과 임의적 적응(Discretionary adaptation)으로 구분할 수 있다. 필수적 적응이란 국가 간 법적 기준이나 안전 기준 또는 전기시스템 등의 차이로 기업이 어쩔 수 없이 제품을 현지에 적응하는 것을 말한다. 반면, 임의적 적응이란 기업이 제품의 적응 여부와 정도를 스스로 결정해서 제품을 수정 또는 개량하는 것을 의미한다. 일반적으로 국가 간 문화·소득 수준·소비자 기호 등의 차이가 임의적 적응을 자극하는 주요 요인이다. 하지만 임의적 적응은 제품적응에 따른 추가적 비용지출과 시장점유율 증대를 통한 장기적 이익증대를 비교한 후 결정해야 한다. 다음은 제품 적응화에 영향을 미치는 대표적 환경 요인들이다.

■ **문화적 요인**(Cultural factors)

문화는 제품이나 서비스 적응화의 가장 큰 요인이다. 특히 음식과 같이 국가 간의 문화나 역사가 크게 반영되는 경우에는 기업이 제품을 현지에 적응하지 않을 수 없다. 심지어 문화적 민감도가 매우 낮은 컴퓨터나 항공서비스의 경우에도 언어의 차이로 인해 사용설명서의 번역과 같은 사소한 적응이 필요하다.

■ **사용 조건**(Usage factors)

동일한 제품일지라도 국가마다 사용 조건이 다를 수 있다. 그 이유는 기후와 같은 자연 환경이나 기술 수준의 차이뿐만 아니라 소비자 개인의 사용 용도 등의 차이가 국가 간에 존재하기 때문이다.

■ **법적 기준**(Legal standards)

현지 정부가 법률 등으로 특정 제품의 수입 금지, 국산 부품의 사용 의무, 상이한 안전 기준의 이행 등을 요구하는 경우 기업의 제품적응은 필수적이다.

■ 제품 책임(Product liability)

제품 책임이란 소비자가 제품이나 서비스의 사용으로 인해 손해를 입었을 때 생산자가 지는 배상책임을 의미한다. 특히 의약품 · 담배 · 자동차 · 석면 등과 같이 잠재적으로 소비자의 생명을 위협하는 제품들은 기업이 사전에 자체적으로 안전기준을 강화한 후, 이 기준에 따라 제품을 적응할 필요가 있다.

8-4 제품적응의 방법

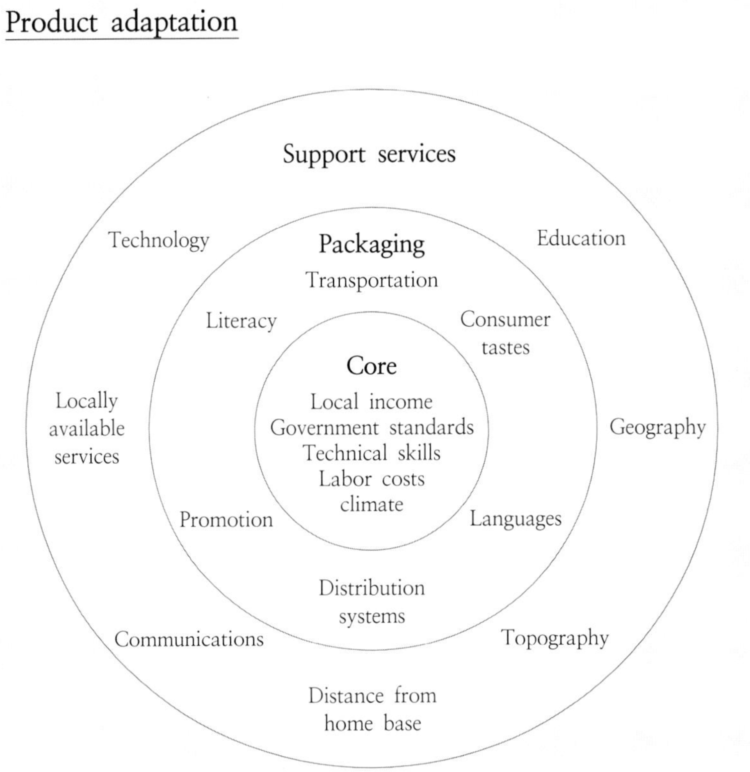

Source: Adapted from Fifield P. & Lewis K. (2000) *International Marketing Strategy*, Butterworth-Heinemann.

제품을 현지 시장에 효과적으로 적응하기 위해서는 먼저 제품의 구성 요소에 따라 다양한 속성별로 제품적응의 필요성이나 타당성을 검토해야 한다. 그리고 핵심 요소 · 포장 요소 · 보조서비스 요소 등 구성 요소별로 제품 및 서비스의 적응화를 수행한다. 일반적으로 제품 구성 요소를 기준으로 한 제품적응은 외형 적응 · 질적 적응 · 포장 및 라벨 적응 · 브랜드 적응 · 보조서비스 적응 등으로 구분할 수 있다.[2)]

■ 외형 적응

제품의 외형 적응이란 현지 시장의 소득 수준, 도량형의 차이, 사용조건, 문화적 차이 등에 따라 제품의 형태·색채·크기 등을 수정 및 개량하는 것을 의미한다.

■ 질적 적응

제품의 질적 적응은 원재료의 함량이나 구성성분을 조정하는 재료 차별화와 정부 규제 및 기술 수준의 차이를 감안해 기능상 차이를 두는 기능 차별화로 구분할 수 있다.

■ 포장과 라벨 적응

핵심 제품의 가치를 제고시키거나 또는 현지 문화 및 법적 환경에 순응하기 위해 포장과 라벨의 규격이나 형태 등을 차별적으로 적응하는 것을 의미한다.

■ 브랜드 적응

법적 규제 또는 문화적 차이, 특히 언어상 문제로 인해 표준화된 브랜드 사용이 불가능한 경우 기업은 브랜드를 적응화시킨다. 대표적인 예로 Coca Cola의 중국식 브랜드 '可口可樂'이나 Carrefour의 '家樂福' 등을 들 수 있다.

■ 보조서비스 적응

이것은 보증·보장·유지·반품·애프터서비스 등의 보조서비스 요소를 현지 시장 여건에 맞게 적응하는 것을 의미한다.

---

2) 이장로 (2008), 「국제마케팅」, 무역경영사.

8-5 브랜드의 개념

Benefits of international branding

Price premium	Brands allow higher prices to be charged than for products that have an equivalent specification but no brand.
Higher volumes	Alternatively branded products can generate higher volumes than non-branded products if they are priced at market rates, rather than at a premium.
Lower costs	Higher volumes lead to cost reduction from the economies of scale and the experience effect, so improving competitiveness.
Better utilization of assets	The predictably high level of sales should lead brand managers to make effective use of assets such as equipment, the supply chain and distribution channels.

Source: Adapted from Doole, I. and Lowe, R. (2008) *International Marketing Strategy*, 5th edn. CENGAGE Learning EMEA.

브랜드(Brand)는 제품의 이미지를 가장 잘 나타내는 표지이다. 따라서 상표와 관련된 의사결정은 국제제품전략 가운데 가장 중요한 분야 가운데 하나라고 할 수 있다. 브랜드란 특정 기업의 제품이나 서비스를 타 제품이나 서비스로부터 식별하고 차별화시킬 목적으로 사용되는 명칭 · 말 · 기호 · 상징 · 디자인 또는 이들의 결합을 말한다.

브랜드 가운데 말로 표현되는 부분을 브랜드 명(Brand name)이라고 하고, 독특한 심벌이나 디자인과 같이 말로 표현되지 않는 부분을 브랜드 마크(Brand mark) 또는 마크 로고(Mark logo)라고 한다. 예를 들어, Nike의 갈고리 모양 로고인 'Swoosh'는 스포츠 역사상 가장 유명한 브랜드 마크 중 하나이다. 기업은 브랜드 명과 브랜드 마크를 법적 절차를 통해 등록상표(Trademark)로 등록한 후 독점적으로 사용할 수 있다.

브랜드의 본원적 기능은 제품의 식별과 차별화에 있다. 브랜드는 소비자가 가격이나 이미지 등 특정 혜택을 통해 만족할 수 있는 제품이나 서비스를 식별할 수 있도록 도와준다. 그리고 기업을 위해서는 경쟁 제품과 차별화할 수 있는 차별점(Point of differentiation)을 제공해준다. 기업의 입장에서 브랜드 부착은 다음과 같은 이점들이 있다.

■ **가격 프리미엄**

브랜드를 부착하지 않은 동일 제품보다 더 높은 가격 프리미엄을 받을 수 있다.

■ **대량생산**

브랜드 부착 제품의 가격을 고가가 아닌 시장가격으로 책정하는 경우 브랜드를 부착하지 않은 제품보다 더 많은 양을 생산할 수 있다.

■ **생산비 하락**

대량 생산을 하는 경우 규모의 경제와 경험 효과를 통해 생산비가 절감되면서 제품의 경쟁력이 향상된다.

■ **자산의 효과적 활용**

높은 수준의 판매가 예상되는 경우, 브랜드 매니저는 설비·공급망·유통채널과 같은 자산들을 효과적으로 활용할 수 있다.

이 밖에도, 유명 브랜드는 그 자체만으로도 제품이나 서비스에 대한 고객충성심 제고의 주요 수단이 될 수 있다. 그 이유는 최근 들어 제품의 기술이나 서비스의 수준 차이가 줄어들면서 브랜드가 제품차별화에서 차지하는 비중이 더욱 커지고 있기 때문이다. 그리고 유명 브랜드는 시장세분화의 주요 수단이 되기도 한다. 예를 들어, Rolex나 Cadillac과 같은 유명 제품들은 자체 브랜드만으로도 고소득층을 자신의 시장으로 선택할 수 있다.

한편 브랜드 부착은 책임과 함께 위험도 동반된다. 기업이 브랜드를 부착하면 제품은 최소한의 상품 요건과 고객의 기대효용을 충족시킬 수 있어야 한다. 이를 위해 기업은 지속적으로 품질을 향상시켜야 하고, 이를 알리기 위해 막대한 광고비를 지출해야 한다. 만약 제품이나 서비스가 고객의 기대효용을 충족시키지 못하거나 일정 요건에 대한 책임을 지지 못하는 경우 브랜드 부착은 오히려 위험 요인이 될 수 있다.

8-6 브랜딩전략

The alternative branding strategies

Umbrella brands	They occur when one brand supports several products, as is the case with Philips electrical products.
Product brands	Unilever, P&G and pharmaceutical firms give each product a unique and distinctive name.
Line brands	They occur where a company has a number of complementary products and sharing the same brand concept. L'Oreal sells haircare products under the Studio Line of products.
Range brands	They are similar to Line brands but include a broader range of products. Nestle uses Findus for frozen foods.
Source brands	They occur where products are double branded with a corporate or range name and a product name, for example, Ford Mondeo.

Source: Adapted from Doole, I. and Lowe, R. (2008) *International Marketing Strategy*, 5th edn. CENGAGE Learning EMEA.

브랜드와 관련된 전략은 매우 다양하다. 어떤 브랜딩전략(Branding strategy)을 선택할 것인가에 대한 의사결정은 먼저 개별 제품 브랜들 간의 차별화 혹은 브랜드 공유에 따른 혜택 중 어느 것이 더 중요한가에 따라 다음과 같이 결정된다.

■ **포괄 브랜드(Umbrella brands)**

기업 브랜드 하나로 모든 제품들의 브랜드를 포괄하는 전략으로서, 기업의 명성을 활용할 수 있다는 장점이 있다. 대표적인 사례로 Philips와 LG 등을 들 수 있다.

■ **개별 브랜드**(Product brands)

포괄 브랜드와 달리 모든 제품마다 각각의 고유 브랜드를 부착하는 전략으로서, 한 제품의 실패가 다른 제품에 파급되는 것을 방지하고, 소매점포의 진열 면적을 확대할 수 있다는 장점이 있다. P&G와 Unilever가 즐겨 사용하는 브랜딩전략이다.

■ **제품라인 브랜드**(Line brands)

기업이 한 제품라인의 보완적 관계에 있는 다양한 제품에 동일 브랜드를 사용하는 전략을 의미한다. 대표적인 사례로 다양한 제품으로 구성되어 있는 헤어용품 라인에 Studio라는 동일 브랜드를 사용하고 있는 L'Oreal을 들 수 있다.

■ **광범위 브랜드**(Range brands)

제품라인 브랜드와 비슷하지만 더 광범위한 제품군에 동일 브랜드를 사용하는 브랜딩전략이다. 대표적인 사례로 냉동제품에 Findus라는 단일 브랜드를 사용하고 있는 Nestle를 들 수 있다.

■ **결합 브랜드**(Source brands)

Ford 'Mondeo'나 Sony 'Walkman'과 같이 기업 또는 제품군 브랜드에 개별제품 브랜드를 혼합해서 사용하는 결합 브랜딩전략(Combination branding strategy)을 의미한다. 마케터는 기업의 명성을 활용하면서 동시에 해당 제품에 대한 차별화된 정체성을 개발할 수 있다.

이 밖에도 기업들은 시장 상황에 따라 다음과 같이 여러 가지 브랜딩 전략에 관한 의사결정을 해야 한다.

■ **프라이빗 브랜딩**(Private branding)

최근 대형소매점을 중심으로 광범위하게 사용되고 있는 프라이빗 브랜딩전략은 OEM과 같이 도소매업체 등 제3자로부터 하청을 받은 제조업체가 자사 제품에 제3자의 브랜드를 부착하는 전략을 의미한다. 프라이빗 브랜드는 생산기업의 브랜드 가치와 유통 마진을 줄임으로서 동일 수준의 제품보다 가격이 저렴해지기 때문에 경기가 어려울수록 증가하는 경향을 보인다.

■ **글로벌 브랜딩**(Global branding)

국가 간 문화적 차이나 상표소유권에 대한 법률문제에 효과적으로 대응하기 위해 기업들은 해외시장에서 국내 브랜드 대신 글로벌 브랜드를 개발하기도 한다. 대표적인 사례로 현대자동차는 동일 상품을 한국 시장에서는 Grandeur라는 브랜드로, 해외시장에서는 Azera라는 글로벌 브랜드로 사용하고 있다.

한편, 국가 간 문화적 차이, 특히 언어적 차이가 마케팅에 악영향을 미칠 수 있는 경우에는 현지 언어의 발음을 고려하면서 제품 및 서비스의 속성을 잘 나타낼 수 있는 국가별 브랜드(National brand)를 따로 개발하는 것이 효과적이다. 오리온의 '好麗友'나 이마트의 '易買得' 등은 중국식 발음과 적절한 의미로 중국 시장에서 좋은 반응을 얻고 있다.

■ **복수 브랜딩**(Multi branding)

복수 브랜딩전략이란 동일 시장에서 동일 제품 및 서비스에 두 가지 이상 브랜드를 개발하는 전략을 의미한다. 제품의 총판매고 증가, 진열공간 확대, 관리자 간 판매 경쟁을 통한 판매능력 개선 등의 장점 외에도 가격인하를 위한 공격상표의 개발 필요성이 있을 때 전략적으로 사용할 수도 있다. 대표적인 예로 P&G의 Vidal sassoon · Pantene · Ivory와 Unilever의 Ponds · Sun silk · Dove 그리고 Giorgio Armani 등을 들 수 있다.

■ **공동 브랜딩**(Co-branding)

두 개 이상의 서로 다른 기업들이 하나의 공동 브랜드를 사용하거나 서로 다른 제품 브랜드들을 광고나 포장에 혼합시키는 형태의 브랜딩전략을 의미한다. 대표적인 사례로 Sunkist나 Intel inside의 캠페인을 들 수 있다. 하지만 공동 브랜딩은 자칫 고객에게 혼란을 주거나 브랜드 가치를 약화시키는 결과를 초래할 수도 있다.

8-7 브랜드 해적행위

Brand piracy

Outright piracy	A product is in the same form and uses the same trademark as the original but is false.
Counterfeiting	The product quality has been altered but the same trademark appears on the label.
Passing off	This involves modifying the product but retaining a trademark which is similar in appearance.
Reverse engineering	This means that the original product is stripped down, copied and then undersold to the original manufacturer.
Wholesale infringement	This is the questionable registration of the names of famous brands overseas rather than the introduction of fake products.

Source: Adapted from Doole, I. and Lowe, R. (2008) *International Marketing Strategy*, 5th edn. CENGAGE Learning EMEA.

국제마케팅에서 브랜드와 관련된 가장 어려운 문제 중 하나가 브랜드 해적행위(Brand piracy)이다. 그 이유는 브랜드의 자산 가치가 높아지고 명품 브랜드가 등장하면서 브랜드를 도용하는 불법 행위가 아시아 일부 국가 및 주요 개도국 시장에서 지속적으로 증가하고 있기 때문이다. 브랜드 해적행위는 다음과 같이 다양한 형태를 띠고 있다.

■ **해적행위**(Outright piracy)

정품과 동일한 형태의 불법 제품에 정품의 등록상표를 부착해서 판매하는 행위를 의미한다.

■ **모조**(Counterfeiting)

제품의 질이 현저하게 떨어지는 가짜 상품에 유명 브랜드의 등록상표를 그대로 부착해서 판매하는 행위를 말한다. 모조품으로부터 피해를 입은 대표적 브랜드로 Benetton이나 LaCoste 등을 들 수 있다.

■ **가짜 브랜드**(Passing off)

품질이 떨어지는 제품에 정품 등록상표와 외견 상 유사한 가짜 브랜드를 사용하는 행위를 의미한다. 예를 들면, Del Monte와 유사한 Del Mundo 등을 들 수 있다.

■ **역공작**(Reverse engineering)

역공작이란 정품을 분해해서 그대로 복사한 후 역으로 제조업체에게 싸게 판매하는 행위로, 특히 전자산업에서 빈번하게 발생한다.

■ **상표권 침해**(Wholesale infringement)

해외시장에 가짜 상품을 도입하기 보다는 유명 브랜드를 소유기업 모르게 등록한 후 원소유기업에게 판매해서 이득을 얻고자 하는 행위를 말한다. 이 경우도 브랜드 해적행위로 간주할 수 있지만 대부분 합법적으로 이루어진다는 특징을 가지고 있다. 독일이나 프랑스 등 성문법 시스템을 가진 국가들은 브랜드의 사용보다는 원칙적으로 등록을 우선하기 때문에 해외진출을 고려하는 기업들은 여기에 미리 대응할 필요가 있다.

8-8 국제포장

Factors affecting international packaging

Local distribution considerations	How are products or services distributed within the marketplace? Are there well configured channels of distribution? Are there intermediaries in the channel?
Climate	Will there be extremes of heat, cold or humidity which the packaging must withstand?
Geographical distance	How far will products or services have to travel? What is the logistics pattern that must be followed?
Economic structure	What is the predominant economic structure of the target market? To what extent will packaging be used after the primary product has been consumed?

Source: Adapted from Fifield P. & Lewis K. (2000) *International Marketing Strategy*, Butterworth-Heinemann.

포장(Packaging)이란 제품의 보호와 가치 제고를 위해 핵심제품을 담는 용기 또는 이것을 감싸는 도구를 의미한다. 포장은 크게 일차적 포장 · 이차적 포장 · 선적포장 · 라벨(Label) 등으로 분류할 수 있다. 라벨은 상품과 관련된 각종 정보를 종이나 천에 인쇄하여 제품 또는 포장에 부착하는 것을 말한다. 포장의 주요 기능은 다음과 같다.

■ 제품 기능

분말이나 액체로 된 핵심제품을 직접 담아 제품의 사용을 편리하게 할 수 있다. 뿐만 아니라, 포장은 운송이나 보관 중에 제품을 안전하게 보호하는 역할도 한다.

■ **의사전달 기능**

독특한 디자인으로 제품에 대한 식별을 쉽게 하고, 포장의 색상이나 재료 등을 차별화함으로써 제품의 호의적 이미지를 형성할 수 있다. 그리고 라벨을 통해 소비자에게 다양한 정보도 제공한다.

■ **가격 기능**

포장에 가격을 직접 표시할 뿐만 아니라, 포장 크기의 조정을 통해 가격을 인하함으로써 소비자의 대량 구매를 유도할 수 있다.

한편, 기업은 해외시장에서의 판매를 위한 국제포장을 할 때 다음과 같은 요인들을 고려해야 한다.

■ **현지 유통사정**(Local distribution considerations)

국제기업은 먼저 현지 시장에서 유통채널의 구축 상태, 제품 및 서비스의 유통 방법, 유통채널에서 중간상의 역할, 소매점의 특성 등을 이해해야 한다.

■ **기후**(Climate)

현지 시장의 기후는 국제포장에 영향을 미치는 주요 요인 중 하나이다. 특히 극단적인 추위와 더위 또는 습기는 국제포장에서 반드시 고려해야 할 부분이다.

■ **지리적 거리**(Geographical distance)

제품의 물리적 이동 거리에 따라 어떤 물류패턴과 포장방식이 적합한가를 고려해야 한다.

■ **경제구조**(Economic structure)

표적시장의 경제적 구조는 포장규격 등에 영향을 미친다. 예를 들어, 소득수준이 낮은 개도국에서는 덕용 포장보다는 소규모 포장이 더 적합하다고 할 수 있다. 뿐만 아니라, 기본제품이 소비된 후 포장이 어떤 용도로 어느 정도 재활용되는지도 살필 필요가 있다.

제9장

국제가격전략

9-1 국제가격전략의 개념

Setting the right price

What are my objectives?

⇩

What factors affect price?

⇩

What basis do I use to set price?

⇩

Should export prices be different?

⇩

How do I organize pricing within my organization?

⇩

What are the pricing strategies?

⇩

How do I handle non-cash payments?

Source: Fifield P. & Lewis K. (2000) *International Marketing Strategy*, Butterworth-Heinemann.

가격(Price)은 마케팅믹스 가운데 유일하게 비용을 회수하면서 직접 이익을 확보할 수 있는 수단이다. 가격전략(Pricing strategy)은 국내외 시장을 구분하지 않고 가격의 책정·조정·변경과 관련된 의사결정이라고 할 수 있다. 가격 책정은 기업이 시장진입 시 제품 및 서비스의 최초 가격을 결정하는 것을 말한다. 가격 조정은 지역·시간·사람 등에 따라 가격을 차별화하는 것이다. 가격 변경은 환율 변화나 경쟁자의 가격 변경 등의 요인으로 인해 기업이 기존 가격을 불가피하게 수정하는 것을 의미한다.

국제가격전략(International pricing strategy)은 의사결정 분야에서 국내가격전략과 차이가 없지만 다음과 같은 특성들을 가지고 있다. 첫째, 수출가격을 결정하기 때문에 국경 간 이동에 따른 추가적 비용과 위험을 고려해야 한다. 둘째, 해외직접투자나 라이센싱 등을 통해 제품을 생산하는 경우, 가격 결정은 본사의 이전가격전략의 영향을 받는다. 셋째, 국제적 관점에서 가격 차별화와 이에 따른 재정거래 등의 문제가 발생할 수 있다. 마지막으로, 가격전략 수립 시 고려해야 할 환경요소가 비용조건 · 수요조건 · 경쟁조건 등 다양하다. 따라서 국제시장에서 적절한 가격 책정 등을 포함하는 가격전략의 수행은 결코 쉬운 일이 아니다.

기업의 수익은 기업이 해외시장에서 가격을 책정하고 조절하는 방식에 따라 직접적인 영향을 받는다. 따라서 국제마케팅관리자는 해외시장에서의 올바른 가격전략 수립을 위해 전체적인 의사결정과정의 흐름 및 이와 관련된 다양한 요인들을 이해할 필요가 있다. 의사결정과정은 국제마케팅관리자가 가격전략을 수립하면서 직면하게 될 주요 질문들에 따라 다음과 같이 일곱 단계로 구분할 수 있다.

- 가격 결정의 목적
- 가격 결정요인
- 가격 결정방법 및 기준
- 수출가격
- 내부거래가격
- 가격의 표준화와 차별화
- 현금지급이 어려운 경우에 대한 대응

9-2 가격 결정의 목적

Pricing objectives

- Rate of return
- Market stabilization
- Demand-led pricing
- Competition-led pricing
- Product differentiation
- Market skimming
- Market penetration
- Early cash recovery
- Entry barrier

Source: Fifield P. & Lewis K. (2000) *International Marketing Strategy*, Butterworth-Heinemann.

기업이 해외시장에서 제품 및 서비스 가격을 결정하기 전에 가격 결정의 다양한 목적들을 명확히 이해할 필요가 있다. 가격 결정의 목적은 기업의 특별한 상황이나 환경의 변화에 따라 달라진다. 가격 결정의 가장 일반적인 목적들은 다음과 같다.

■ 수익률(Rate of return)

원가 회수를 우선 목표로 하는 기업들은 일정 수준의 수익률을 달성할 수 있는 선에서 가격을 결정한다. 따라서 수익률은 제품 및 서비스의 최저가격 수준을 결정하는 데 유용하다. 일반적으로 내부수익률이란 해외 시장 진입 초기에 투자비용으로 지출되는 현금의 현재가치와 그 투자로 인해 유입되는 미래 현금수입의 현재가치가 동일해지는 수익률을 말한다. 따라서 기업은 수익률을 기준으로 적정 이윤을 확보할 수 있는 가격을 선택할 수 있다.

■ **시장 안정**(Market stabilization)

시장 안정이란 기업이 현재 시장에서 좋은 위치를 차지하고 있는 경우, 경쟁기업의 보복을 자극하지 않고 현재 상태를 유지하기 위해 가격을 장기간 안정적으로 유지시키는 것을 의미한다.

■ **수요 주도 가격결정**(Demand-led pricing)

일반적으로 수요가 많을 때는 고가로, 수요가 적을 때는 저가로 가격이 조정된다. 기업은 주로 계절성이 강한 상품 및 서비스에서 나타나는 고객 수요의 변화에 대응하기 위해 가격을 조정한다.

■ **경쟁 주도 가격결정**(Competition-led pricing)

가격은 경쟁과 밀접하게 관련되어 있다. 그리고 커피와 같은 필수품의 국제시장가격은 판매자와 구매자 간의 지속적인 상호작용에 의해 결정된다. 만약 기업이 상호 합의된 가격을 벗어나 판매를 하게 되면 판매가 줄거나 불필요하게 수익이 감소하게 된다.

■ **제품차별화**(Product differentiation)

기업은 제품의 차별적 특성을 나타내는 느낌이나 이미지 등을 더욱 강조하기 위해 제품의 가격을 차별적으로 결정한다.

■ **고소득층 공략**(Market skimming)

고소득층 공략이란 기업이 해외시장 진입 시 고소득층을 공략하기 위해 프리미엄 수준에서 가격을 책정하는 것을 의미한다.

■ **시장 침투**(Market penetration)

고소득층 공략과 달리, 기업이 시장점유율 확대나 판매 극대화를 위해 상대적으로 마진이 낮은 저가전략을 수립하는 것을 의미한다. 시장침투 가격은 표적 소비자들이 가격에 민감하거나 또는 규모의 경제 효과가 기대되는 경우에 효과적이다.

■ **현금 조기회수**(Early cash recovery)

기업은 제품이나 서비스의 가격 조정을 통해 시장으로부터 현금을 신속하게 회수할 수 있다.

■ **시장 진입장벽**(Entry barrier)

기업은 다른 기업이 시장에 진입하는 것을 막기 위한 장벽으로서 저가 전략을 주로 활용한다.

9-3 가격 결정요인

Factors affecting prices

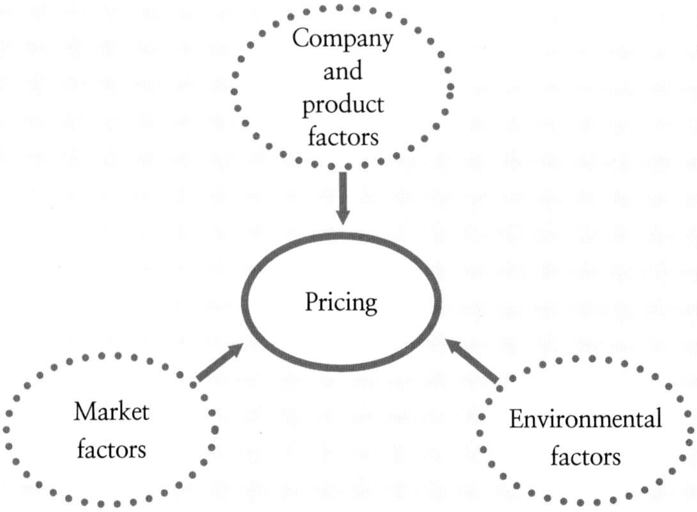

Source: Fifield P. & Lewis K. (2000) *International Marketing Strategy*, Butterworth-Heinemann.

가격 결정과정의 두 번째 단계는 기업의 가격전략에 영향을 미치는 모든 요인들을 규명하는 것이다. 결정요인은 다음과 같이 세 가지 광범위한 영역으로 분류할 수 있다.

■ **기업 및 제품요인**(Company and product factors)

이 요인에는 기업과 제품의 시장 지위, 기업 및 마케팅 목표, 제품범주 내 지위, 수명주기, 기업의 원가구조, 재고와 운송비용 등이 포함된다. 예를 들어, 기업의 목표가 시장점유율 확대라면 저가, 이익 극대화라면 고가로 가격이 결정될 것이다.

■ **시장요인**(Market factors)

시장요인에는 현지 시장의 유통채널이나 할인 관행, 시장성장률, 수요량 및 수요탄력성, 제품의 적응 및 수정 정도, 서비스의 요구 정도 등을 포함한다. 이들 요인 가운데 수요는 가격상한선을 결정하는 데 중요한 역할을 한다.

■ **환경요인**(Environmental factors)

환경요인에는 경쟁, 정부 및 법적 규제, 물가상승률, 환율 등 다양한 요인들이 포함된다. 이 가운데 경쟁은 최종 가격 결정에 영향을 미치는 주요 요인이다. 만약 경쟁구조가 과점상태라면 기업은 경쟁 기업의 반응을 고려해 가격을 결정할 수밖에 없을 것이다. 완전경쟁의 경우에는 기업이 시장가격에 순응할 수밖에 없다.

그리고 정부 및 법적 규제에는 가격담합이나 허위가격 설정 등을 금지하기 위한 가격통제를 비롯하여, 반덤핑규제 · 공정거래법 · 독점금지 등이 포함된다. 이들 규제는 대체로 가격의 급격한 인상이나 인하를 억제한다.

물가상승률이나 환율 역시 국제가격 결정의 중요한 요인이다. 그 이유는 먼저 현지 시장의 인플레이션이 높아질수록 가격 및 외환 통제가 심해지면서 가격 결정에 중대한 영향을 미치기 때문이다. 환율도 가격 결정에 중대한 영향을 미친다. 특히 수출가격은 외국화폐 한 단위와 자국화폐의 교환비율인 환율을 고려하지 않을 수 없다. 만약 원화의 평가절상, 즉 환율이 인하하게 되면 수출기업은 큰 손해를 볼 수도 있다. 따라서 수출기업의 입장에서는 환율 변화에 따라 가격을 조정할 수밖에 없다.

9-4 가격 결정방법 및 기준

Setting prices

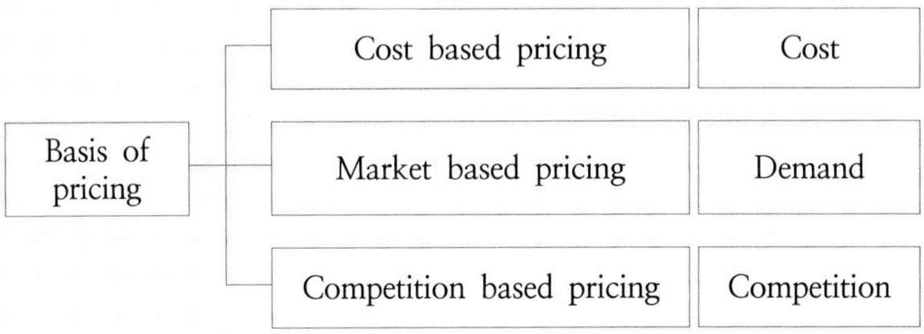

Source: Adapted from Fifield P. & Lewis K. (2000) *International Marketing Strategy*, Butterworth-Heinemann.

일반적으로 기업이 상품 및 서비스의 가격을 결정하는 방법들은 다양하다. 결정 기준에 따라 가격결정 방법을 다음과 같이 분류할 수 있다.

■ **원가중심적 가격결정**(Cost based pricing)

원가중심적 가격결정 방법은 제조원가에 각종 비용과 이윤을 더해 가격을 결정하는 방법이다. 이 방법의 주요 요소인 원가는 가격하한선 결정의 기준이 된다. 원가를 중심으로 한 가격 결정은 다른 방법들보다 상대적으로 용이하지만 경쟁과 수요를 고려하지 않는다는 문제점을 안고 있다.

■ **시장중심적 가격결정**(Market based pricing)

시장중심적 가격결정은 원가보다는 표적시장에서 소비자들의 상품 평가와 이에 따른 수요를 기준으로 가격을 결정하는 방법이다. 따라서 기업은 소비자의 구매 의도나 가격탄력성 등 표적시장의 특성에 대한 정확한 시장조사를 통해 소비자가 기꺼이 지불할 수 있는 가격 수준을 파악해야 한다. 그래서 이 방법의 주요 요소인 수요는 가격전략에서 가격상한선의 기준이 된다.

■ **경쟁중심적 가격결정**(Competition based pricing)

경쟁중심적 가격결정은 경쟁 기업들의 가격을 벤치마킹해서 자사 제품 및 서비스의 가격을 결정하는 방법이다. 이 방법은 소비자들의 입장에서 경쟁 제품들의 품질이 서로 유사하다고 생각하기 때문에 가격 비교 후 가장 저렴한 제품을 선택할 것이라는 가정에서 출발한다. 따라서 이 방법의 기준이 되는 경쟁은 최적가격 결정의 기준이 된다. 또한 이 방법은 기업이 특정 국제시장에 경쟁 기업이 진입하는 것을 막는 진입장벽의 수단으로 활용하기도 한다.

9-5 수출가격

The options to avoid the additional costs of exporting

Cost reduction	reducing production cost, modifying the product and sourcing overseas
Distribution channel reduction	shortening the distribution channel, for example, by selling direct to retailers
Market entry strategy modification	selecting a different market entry strategy, such as foreign manufacture, assembly or licensing

Source: Adapted from Doole, I. and Lowe, R. (2008) *International Marketing Strategy*, 5th edn. CENGAGE Learning EMEA.

수출은 국제기업 또는 다국적기업의 가장 기본적인 해외시장 진입수단이다. 따라서 수출가격 결정은 국제가격전략의 기초라 할 수 있다. 수출가격은 국내가격과 달리 운송비 등의 추가비용 발생으로 인해 현지가격이 상승하게 된다. 일반적으로 수출가격 상승의 원인은 관세 · 조세 · 운송비 · 보험료 · 특수포장 · 창고비용 · 송금 · 헤징(Hedging) · 기타 부대비용 등 다양하다. 이들은 대부분 통제가 불가능한 외부적 요인으로 해외시장에 따라 그 형태나 크기가 다양하다.

수출가격 상승은 기업경쟁력 약화나 병행수입(Parallel import) 증가의 주요 원인이 될 수 있다. 기업이 수출가격 상승 문제에 대응할 수 있는 대안적 방법으로는 다음과 같은 것들이 있다.

■ 수출가격 인하

관세나 운송비 등의 추가발생으로 인한 현지 소비자가격의 인상을 억제하기 위해 기업이 제품 수정이나 해외소싱 등을 통해 생산비를 절감함으로써 수출가격을 낮출 수 있다. 전 세계를 무대로 경영 활동을 수행하고 있는 대부분의 국제기업들은 규모의 경제와 학습효과, 그리고 생산공장 이전 등을 통해 생산비를 절감할 수 있는 잠재력을 가지고 있다. 하지만 가격 인하로 인한 채산성 악화나 현지의 덤핑 제소 등에 유의해야 한다.

■ 유통경로 단축

중간 마진을 줄이기 위해 현지 대형 유통업체와 직접 접촉하거나, 아니면 현지에서의 유통기능을 수출업체가 직접 수행한다.

■ 생산입지 조정

관세 · 운송비 · 제조원가 등을 줄이기 위해 현지부품조립방식(Knock-down)을 활용하거나, 아니면 라이센싱이나 현지 생산과 같은 방식을 통해 생산입지를 유리한 곳으로 이전한다.

수출가격에는 반드시 운송비와 보험료가 추가된다. 따라서 FOB나 CIF 등을 포함한 무역거래조건을 잘 이해하고, 특히 어떤 조건이 수출기업에게 유리한지 정확하게 판단해야 한다. 다음 절에서는 국제적으로 통용되고 있는 무역거래조건인 Incoterms에 대해 살펴보고자 한다.

9-6 인코텀스(Incoterms)

Incorterms 2010

Group E	EXW (Ex Works)
Group F	FCA (Free Carrier) FAS (Free Alongside Ship) FOB (Free On Board)
Group C	CFR (Cost & Freight) CIF (Cost, Insurance & Freight) CPT (Carriage Paid To) CIP (Carriage, Insurance Paid To)
Group D	DAT (Delivered At Terminal) DAP (Delivered At Place) DDP (Delivered Duty Paid)

Source: ICC, Incoterms 2010.

국제무역을 수행하는 과정에서 언어나 관습 등이 다른 매매 당사자들 간의 계약 조건의 해석상 차이로 인한 분쟁을 해소하기 위해 만들어진 인코텀스(Incoterms : International commercial terms)는 판매자와 구매자의 의무 · 소유권 · 비용 · 위험부담 등을 명확히 규정하고 있다. 인코텀스는 국제상업회의소(ICC : International chamber of commerce)에 의해 1936년 처음 제정되었으며, 이후 운송 형태나 국제 상관습 등의 변화를 반영해 몇 차례 개정되었다.

최근 개정된 Incoterms 2010은 크게 Group E(출발지인도조건) · Group F(매도인운임미지급조건) · Group C(매도인운임지급조건) · Group D(도착지인도조건) 등 네 그룹으로 구분된다. Group E는 수출통관에서 선적 · 운송 · 하역 · 수입통관까지 구매자가 모두 수행하며, Group D로 갈수록 판매자의 부담이 커진다.

네 개의 그룹은 다시 11개 조건으로 세분된다. 이들 가운데 운송방식과 관계없이 사용되는 조건은 EXW · FCA · CPT · CIP · DAT · DAP · DDP 등 일곱 가지이고, FAS · FOB · CFR · CIF 등은 해상 및 내수로 운송에 사용되는 조건들이다. FOB · CFR · CIF 조건에서 오랫동안 위험 또는 비용 부담의 분기점이었던 '본선의 난간(Ship's rail)을 통과할 때'는 '본선에 적재(On board the vessel)된 때'로 수정되었다.

9-7 이전가격

Transfer pricing

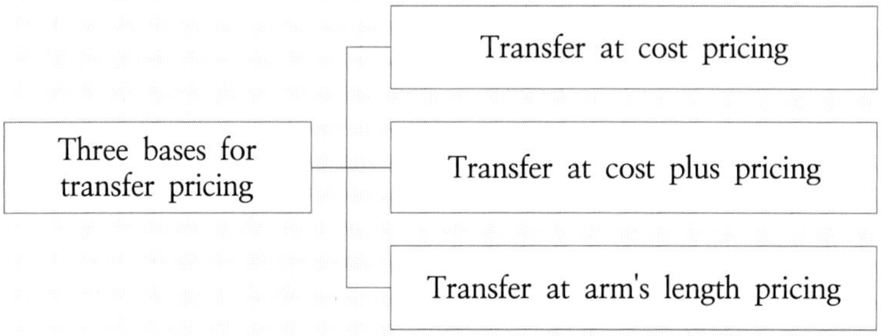

Source: Adapted from Doole, I. and Lowe, R. (2008) *International Marketing Strategy*, 5th edn. CENGAGE Learning EMEA.

국제기업이나 다국적기업들이 가격과 관련해서 결정해야 또 다른 문제가 바로 이전가격(Transfer pricing)에 관한 것이다. 이전가격이란 같은 기업 내에서 부서 간 또는 사업 단위 간에 제품이나 서비스 등을 사고 팔 때 기업시스템 내부에서 인위적으로 결정되는 가격을 의미한다. 이전가격 결정에는 다음과 같은 세 가지 대안적 접근방법이 있다.

■ **원가방법**(Transfer at cost pricing)

원가방법은 생산 자회사가 마케팅 자회사에게 공급하는 제품의 가격을 생산비 수준에서 결정하는 방법이다. 생산 자회사는 원가만 취득하고 수익은 마케팅 자회사로 축적되지만 생산 자회사는 수익성보다는 규모의 경제와 같은 효율성을 기대할 수 있다.

■ **원가가산방법**(Transfer at cost plus pricing)

원가가산방법은 생산 및 마케팅 자회사들이 서로 수익을 배분할 수 있도록 원가에 다양한 비용과 수익을 추가하는 방법이다. 극단적인 경우, 생산 자회사가 높은 수익을 올리는 동안 마케팅 자회사는 손실을 입을 수도 있다.

■ **정상가격방법**(Transfer at arm's length pricing)

정상가격방법은 제품 및 서비스 가격을 기업 외부의 구매자에게 판매하는 가격과 동일하게 결정하는 방법이다. 이 방법에서는 생산 자회사가 마케팅 자회사를 다른 일반 고객과 같이 취급한다.

이전가격은 기업 내 각 부문별 성과에 대한 공정한 평가를 목적으로 한다. 하지만 기업들은 다음과 같이 시장진입장벽을 구축하거나 세금을 회피하기 위해 이전가격을 전략적으로 활용하는 데 실질적인 관심을 갖는다.

■ **시장진입장벽 구축**

예를 들어, 대부분의 다국적 정유회사들은 원유채굴부터 석유판매까지 수직적으로 통합되어 있다. 원가의 대부분은 원유채굴과 정제단계에서 발생하는데, 원유의 이전가격을 높게 책정함으로써 상대적으로 시장진입이 용이한 유통보다는 정제단계에서 수익을 창출한다. 이와 같이 정유회사들은 이전가격을 통해 잠재적 경쟁자들이 석유 유통시장에 진입하는 것을 막을 수 있다.

■ **조세부담 경감**

기업의 소득에 대한 조세비율은 국가마다 차이가 있다. 국제기업들은 소득세 부담이 큰 국가에 있는 자회사들의 세금 부담을 줄이기 위해 다른 자회사로의 제품 및 서비스 공급에 대한 이전가격을 의도적으로 낮추기도 한다.

■ 관세 절감

관세율이 높은 국가에 있는 자회사들의 관세 부담을 줄이기 위해 수입가격을 낮게 책정한다.

■ 시장 개입수준 관리

기업이 특정 국가에서 단독투자와 합작투자를 동시에 수행하는 경우, 단독법인에는 낮은 이전가격을, 합작회사에는 더 높은 이전가격을 책정함으로써 기업시스템 전체의 수익을 늘릴 수 있다.

9-8 국제가격의 전략적 대안

Global pricing

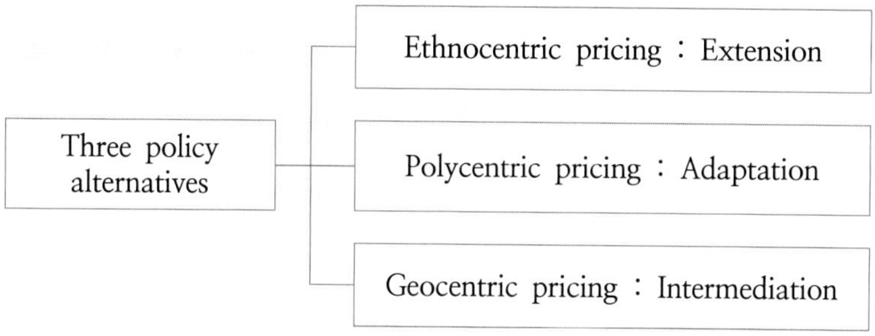

Source: Keegan W. J. and Green M. C. (2011) *Global marketing*, 6th edn. Prentice Hall.

기업이 제품을 여러 국가에서 동시에 판매할 경우, 국제가격의 표준화와 차별화에 대한 전략적 결정을 해야 한다. 글로벌 시장에서의 가격 결정은 다음과 같이 세 가지 대안적 방법이 있다.

■ **본국중심 가격결정**(Ethnocentric pricing)

소비자가격을 전 세계적으로 동일하게 책정하는 방법이다. 이 전략은 본국중심으로 정해진 가격 외에 운송비나 수입관세를 수입업자가 부담하기 때문에 수출기업 입장에서 간편하다는 장점이 있다. 하지만 각 국가별 원가 구조나 경쟁 등 시장 상황을 감안하지 않음으로써 이익 극대화에 어려움을 겪을 수도 있다.

■ **현지중심 가격결정**(Polycentric pricing)

이 전략은 각 국가별 해외자회사들이 현지시장 환경에 적합하다고 판단되는 가격을 차별적으로 책정하는 방법이다. 하지만 현지 매니저나 유통업자가 적정하다고 생각하는 수준에서 가격이 자유롭게 결정되기 때문에 현지에 맞는 효과적인 가격전략에 대한 기업내부의 지식과 경험을 사용할 수 없다는 단점이 있다. 재정거래 또한 심각한 문제점이다. 만약 두 시장의 가격 차이가 크다면, 개인 사업자가 가격이 낮은 시장에서 제품을 구입해 가격이 비싼 시장에 가져다 파는 병행수입이 발생할 수 있기 때문이다. 이러한 회색시장(Grey market) 제품은 세계시장에서 기업이나 제품의 신뢰성을 추락시킬 수 있다.

■ **세계중심 가격결정**(Geocentric pricing)

이 전략은 앞에서 언급한 두 가지 전략을 혼합한 중용적 방법이다. 이 전략을 선택한 기업은 전 세계에 걸쳐 동일한 가격을 설정하지도 않고, 또 지역 유통업체나 자회사가 가격을 독립적으로 책정하는 것도 허락하지 않는다. 최종 가격결정시 전사적 관점에서 가격통제를 하면서 소득이나 경쟁상황 등 현지 시장 특유 요인들을 고려해 가격을 책정한다. 따라서 한 국가에서의 이윤 극대화보다는 기업의 글로벌 전략이나 목표에 따라 국제가격을 조정하기 때문에 글로벌 경쟁전략에 가장 잘 어울리는 가격전략이라고 할 수 있다.

9-9 구상무역

Counter trade

Barter	This is a direct exchange of goods or services between two parties.
Counter purchase	The seller agrees to sell the product at an established price. He, simultaneously, makes a contract to buy goods and services from another local supplier.
Buyback	This involves an arrangement in which payment for goods is accepted in a combination of goods and cash.
Offset	This is a reciprocal arrangement whereby the government in the importing country seeks to recover large sums of hard currency spent on expensive purchase such as a military aircraft.
Switch trading	This involves a third party, which specializes in barter trading, disposing of the goods.

Source: Adapted from Doole, I. and Lowe, R. (2008) *International Marketing Strategy*, 5th edn. CENGAGE Learning EMEA.

최근 구상무역(Counter trade)과 같이 정상적인 현금지급 조건이 아닌 거래들이 지속적으로 증가하고 있다. 대부분 외국 통화에 대한 접근이 불가능하거나 현지 통화를 국제기업들이 인정하지 않는 후진국과 거래를 하는 경우에 구상무역 형태를 띤다. 구상무역이란 제품 및 서비스의 판매를 구매와 연계시키거나 구매를 판매와 연계시키는 거래형태로서, 다음과 같이 여러 가지 형태가 있다.

■ **바터**(Barter)

두 나라 간에 동일한 가치를 갖는 각기 다른 상품들이 화폐지급 없이 물물교환 형태로 거의 동시에 수출입 되는 거래방식을 의미한다.

■ **대응구매**(Counter purchase)

대응구매는 두 개의 독립된 계약으로 성립된다. 먼저 수출업자가 현금 결제조건으로 제품을 판매하는 것에 동의하는 계약을 맺는다. 그리고 동시에 현지 기업으로부터 원래 계약과 관련 없는 제품을 일정 비율만큼 구매하기로 계약을 맺음으로써 수출과 수입을 연계시킨다.

■ **제품환매**(Buyback)

보상무역(Compensation trading)이라고도 불리는 제품환매는 두 개의 계약이 함께 이루어진다. 하나는 수출업자가 공장을 건설하거나 설비 · 특허 · 기술정보 등을 제공할 것을 약속한다. 다른 계약에서는 이전 계약에 의해 설립된 공장에서 생산된 산출물을 일정 기간 동안 투자에 대한 대가로 받을 것을 계약한다. 제품환매는 제공된 설비나 기술이 최종 생산재와 관련이 있다는 점에서 대응구매와 다르다. 주로 턴키(Turnkey)방식의 플랜트수출에서 많이 이용된다.

■ **상계무역**(Offset)

상계무역은 수출업자가 수출 제품을 생산하는 과정에서 수입국에서 생산된 부품이나 제품의 일부를 수출 제품에 포함시켜 생산하도록 하는 경우를 말한다. 이 방식은 민간 및 군용 항공기나 군수품과 같은 고부가 가치제품의 수출에서 쉽게 찾아볼 수 있다. 상계무역이 보상무역 등 다른 형태의 구상무역과 다른 점은 합의가 계약서가 아니라 양해각서 형태로 이루어진다는 점이다.[1)]

---

1) Keegan W. J. and Green M. C. (2011) *Global marketing*, 6th edn. Prentice Hall.

■ **스위치무역**(Switch trading)

삼각무역(Triangular trade) 혹은 Swap이라고도 불리는 스위치무역은 물물교환을 포함한 모든 구상무역에 적용될 수 있는 기법이다. 거래의 한 당사자가 거래된 모든 물품을 받아들이기 곤란할 때 제3자가 거래에 개입하게 된다. 과거에 서구 기업들이 동구권 국가들과의 물물교환에서 받은 제품이나 현지 통화를 제3국을 통해 외화로 태환하고자 하는 경우에 많이 이용되었다.

제10장

국제촉진전략

10-1 국제촉진의 개념

Process of international promotion

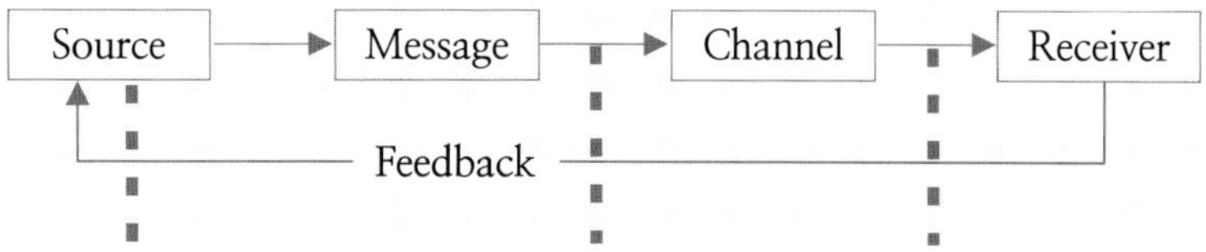

Barrier 1

Head office outside target country; messages devised in target country

Barrier 2

Messages created by company outside target country and disseminated by local channels

Barrier 3

Company, messages creation and channel outside target country, directed at local consumers

Source: Adapted from Fifield P. & Lewis K. (2000) *International Marketing Strategy*, Butterworth-Heinemann.

촉진(Promotion)이란 기업이 소비자에게 제품 및 서비스에 대한 정보를 정확하게 전달하고 소비자가 이를 구매하도록 설득하는 커뮤니케이션 과정을 의미한다. 커뮤니케이션 과정은 크게 원천 · 메시지 · 경로 · 수신자 등의 요소로 구성된다. 다시 말해, 촉진은 메시지 발신자인 원천에 의해 기호화된 메시지가 광고 · 인적판매 · 판매촉진 · 홍보 등의 경로를 통해 수신자에게 전달되고, 수신자의 반응은 다시 원천으로 피드백되는 하나의 흐름이라고 할 수 있다.

국제촉진의 경우, 각 단계마다 국가 간 환경의 차이로 인해 커뮤니케이션의 원활한 흐름을 막는 장벽들이 존재한다. 이들 장벽은 문화적 차이로 인한 언어의 상이, 경제적 차이로 인한 매체 가용성, 사회적 차이로 인한 구매과정 상의 차이 등 종류도 다양하다. 따라서 기업은 커뮤니케이션 효과를 높이기 위해 현지 언어 및 매체 활용 가능성 등과 같이 국제촉진과정에 영향을 미칠 수 있는 장벽들을 먼저 이해할 필요가 있다. 다음 절에서는 국제촉진에서 고려해야 할 장애요인들을 살펴보고자 한다.

10-2 국제촉진의 장애요인

Communication barriers

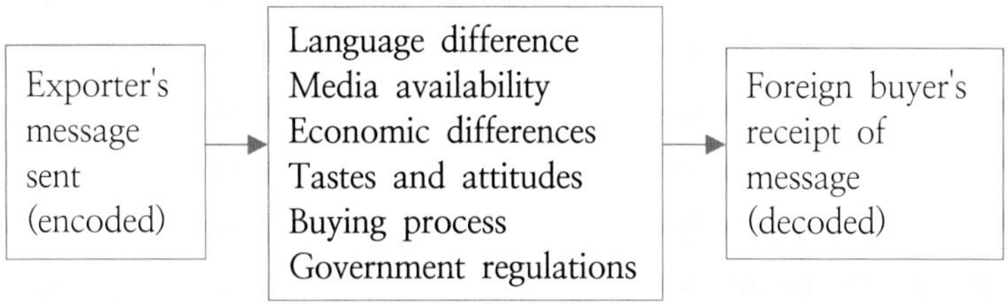

Source: Albaum G., Strandscov J., Duerr E. and Dowd L. (1994) *International Marketing and Export Management*, 2nd edn. Addison-Wesley Publishing Company.

기업이 국제촉진 활동에서 직면할 수 있는 잠재적 장애요인들은 다음과 같이 다양하다. 이들은 각각 독립적인 영향력을 가지기도 하고, 또 상호 간에 영향을 미치기도 한다. 예를 들면, 어떤 나라들은 정부 규제를 통해 촉진 활동에서 외국어의 사용을 금하기도 한다.

■ **언어 차이**

국제촉진에서 언어의 차이는 메시지 전달과 해석상 문제를 야기할 수 있는 가장 심각한 장애요인 중 하나이다. 문화적 차이는 언어뿐만 아니라 비언어적 수단·상징(Symbols)·색깔 등 메시지 개발과 관련된 다양한 요소에도 영향을 미친다. 예를 들면, 한국과 중국이 역사나 지리적 측면에서 밀접하지만 언어·시간개념·색깔 등 문화적 요소에서는 큰 차이가 있다.

■ **매체 가용성**

국가마다 매체의 활용 가능성은 경제적 수준 등에 따라 차이가 있다. 매체는 크게 인적 매체와 비인적 매체로 구분한다. 특히 비인적 매체인

TV나 인터넷 등은 국가에 따라 활용 가능성의 차이가 크다. 그리고 매체가 잘 구축되어 있다고 할지라도 주류나 담배 등과 같이 특정 제품 및 서비스는 국가에 따라 매체 이용이 금지되기도 한다.

■ 경제적 차이

국가 간 경제적 차이는 커뮤니케이션의 효과적인 흐름을 방해하기도 한다. TV나 컴퓨터 보급률이 낮은 후진국에서는 매체의 사용이 제한될 뿐만 아니라 낮은 교육 수준으로 인해 메시지 내용이 제한될 수도 있다. 또 동일한 상품일지라도 경제 수준에 따른 사용 상황이 달라서 메시지 내용을 차별화하는 경우도 발생하게 된다.

■ 소비자의 기호 및 태도

앞에서 이미 설명했듯이, 국가마다 상품 및 서비스에 대한 소비자들의 기호나 태도에는 차이가 있다. 특히, 외국제품 · 원산지 · 유명상표 등에 대한 소비자들의 태도 차이가 제품 평가에 중대한 영향을 미치기 때문에 촉진 활동에서 반드시 고려해야할 장애요인이라고 할 수 있다.

■ 구매 과정

일반적으로 구매 과정은 문제 인식부터 구매 후 행동까지 일정한 흐름을 가지고 있다. 하지만 각 단계마다 영향을 미치는 요인들이 국가 간에 상이할 경우, 구매 과정의 차이가 발생하면서 또 다른 장벽으로 등장할 수 있다. 예를 들어, 소비자가 상품 정보를 탐색할 때 주요 정보원인 대중매체나 가족의 영향력이 국가마다 차이가 있다면, 국제촉진전략도 여기에 맞춰 수정되어야 한다.

■ 정부 규제

일반적으로 법적 제도 등과 같은 정부 규제는 국가마다 큰 차이를 보인다. 특히 매체 활용이나 촉진 내용 및 촉진 비용에서 규제의 차이가 크기 때문에 기업들은 법률 전문가 등을 통해 국가 간의 상이한 정부 규제를 사전에 정확히 이해할 필요가 있다.

10-3 촉진믹스

Push and pull strategies

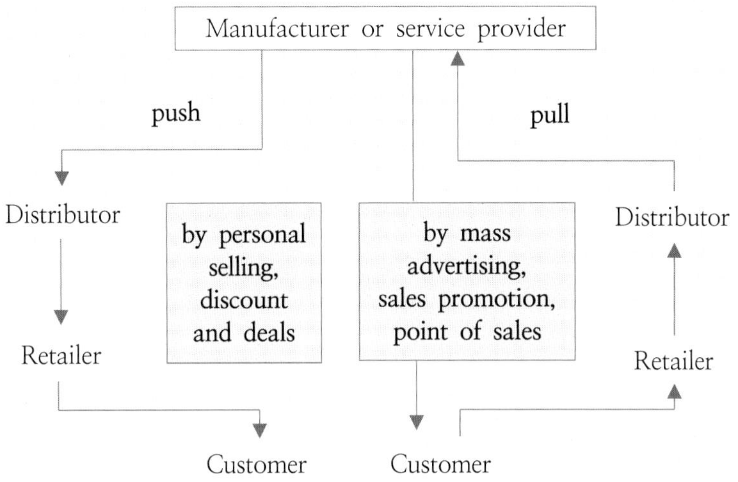

Source: Doole, I. and Lowe, R. (2008) *International Marketing Srategy*, 5th edn. CENGAGE Learning EMEA.

촉진믹스(Promotion mix)란 기업이 커뮤니케이션 효과의 극대화를 위해 광고・인적판매・판매촉진・홍보 등의 다양한 촉진경로들을 적절히 혼성하는 것을 의미한다. 기업들은 촉진믹스를 결정할 때 다음과 같이 제품유형, 푸시전략(Push strategy) 대 풀전략(Pull strategy), 구매의사결정과정, 제품수명주기와 같은 요인들을 고려한다.

■ 제품유형

일반적으로 제품 유형에 따라 촉진 방법들이 달라진다. 예를 들면, 핸드폰과 같은 소비재의 경우 TV광고와 판매촉진이 주로 사용되는 반면, 플랜트와 같은 산업재는 인적판매나 홍보 등이 상대적으로 많이 사용된다.

■ 푸시전략 대 풀전략

푸시전략은 생산자가 판매업자의 판매 의욕을 환기시켜 고객에 대한 권장 판매를 적극 전개하도록 하는 추진적 전략을 의미한다. 이 경우 생산자는 인적판매 및 리베이트와 같은 중간상 촉진 등을 주로 활용한다. 풀전략은 소비자를 대상으로 구매 의욕을 환기시켜 자사 제품에 대한 지명 구매를 촉진하도록 하는 견인적 전략이다. 풀전략을 사용하는 생산자는 주로 광고와 소비자 판촉 등을 함께 수행한다.

■ 구매의사결정과정

촉진믹스의 구성은 구매자의 의사결정과정에 따라 달라질 수도 있다. 예를 들면, 소비자가 인지나 지식단계에 있는 경우 광고와 PR이 중요한 역할을 할 수 있지만, 구매결정과 같은 행동단계에 있을 때는 인적판매나 판매촉진이 더 효과적이다.

■ 제품수명주기

제품수명주기도 촉진믹스에 영향을 미치는 주요 요인 중 하나이다. 예를 들어, 도입기에는 제품인지도를 높이기 위해 광고와 PR이 효과적이다. 하지만 성숙기나 쇠퇴기에는 광고보다는 판매촉진이 더 중요한 역할을 하게 된다.

10-4 국제광고

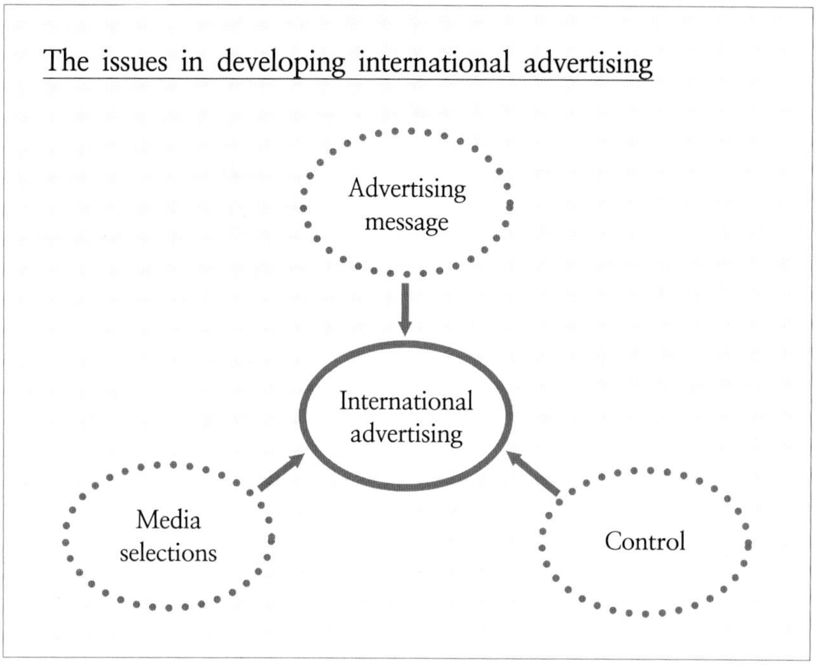

국제광고(International advertising)란 기업이 해외 고객에게 제품 및 서비스에 대한 각종 정보를 제공하면서 제품 및 서비스의 수요를 촉진시키는 비인적·유상적 커뮤니케이션 활동을 의미한다. 국제광고는 촉진믹스 가운데 현지 문화에 가장 민감한 마케팅 커뮤니케이션 수단이라고 할 수 있다. 따라서 효과적인 국제광고를 개발하기 위해서는 마케팅관리자가 다음과 같은 이슈들을 먼저 고려해야 한다.

■ 광고 메시지

국제광고 메시지는 현지 소비자들이 쉽게 해독할 수 있도록 개발해야 한다. 이를 위해 마케팅관리자는 언어의 다양성, 구매자의 소비시스템, 구매동기 등을 고려해 메시지를 개발하고, 광고메시지에 사용하는 언어를 가능한 짧게 표현하거나 그림을 활용하도록 한다.

일반적으로 국제광고는 시장별 특성에 따른 소비자 니즈나 편익의 차이에 따라 국내광고와 다른 차별적 메시지를 개발할 필요가 있다. 하지만 글로벌시장이나 특정 세분시장만을 상대로 광고하는 경우에는 국경을 무시하고 광고 메시지를 표준화할 수도 있다. 메시지의 표준화는 비용절감, 통일된 이미지 창출, 그리고 통제 및 조정이 용이하다는 장점이 있다.

▪ 매체 선정

광고매체는 크게 TV와 라디오 등의 방송매체와 신문과 잡지 등의 인쇄매체로 구분할 수 있다. 이외에도 인터넷광고 · 옥외광고 · 영화광고 · 구매시점광고 등이 있다. 일반적으로 마케팅관리자는 다양한 광고매체 대안들 가운데 활용 가능성과 비용, 매체 습관 그리고 커버리지 등을 고려해 자사 제품 및 서비스에 가장 적합한 매체를 선정해야 한다.

▪ 통제

전 세계 시장에 걸쳐 수행되는 국제광고는 무엇보다도 메시지와 예산의 통제 및 조정이 필요하다. 이들에 대한 통제는 광고대행사의 선정과 관련이 있다. 그 이유는 기업이 직접 광고를 제작해서 통제를 집중시킬 수도 있지만, 많은 국제기업들이 본국이나 현지 광고대행사 또는 세계적 규모의 국제 광고대행사를 통해 광고를 제작하면서 통제를 집중시키거나 분산시키기 때문이다.

□ 본국 광고대행사(Domestic agency)

기업이 해외시장에 처음 진출할 때 친숙성이나 관계 등의 이유로 본국 광고대행사를 가장 많이 선택한다. 하지만 규모가 작은 대행사들은 국제 경험이 부족한 경우가 많다.

□ 현지 광고대행사(Local agency)

현지 시장 및 고객 정보를 바탕으로 차별적 서비스가 가능하고 현지

기업 이미지를 창출할 수 있다는 장점이 있다. 하지만 촉진프로그램의 국제적 조정 및 통제를 효과적으로 수행하지 못하는 경우도 많다.

□ **국제 광고대행사**(International agency)

기업이 국제 광고대행사를 이용하는 경우 광고 활동에 대한 통제 및 조정이 용이하다. 뿐만 아니라, 전 세계 시장에 제품의 동일한 이미지를 심어줄 수 있다는 장점도 있다. 따라서 광고주가 광고의 집중적 통제를 필요로 하는 경우에는 국제 광고대행사를 주로 이용한다.

한편 기업의 시장개입 수준이 낮은 경우 현지 유통업체와 협력광고를 하는 경우가 있다. 협력광고는 적은 광고비로 현지 유통업체의 명성을 이용하면서 광고효과를 극대화할 뿐만 아니라 유통업체가 촉진활동을 더욱 적극적으로 수행할 수 있도록 동기를 부여한다. 하지만 광고의 메시지나 예산 활용에 대한 통제가 용이하지 않다는 단점이 있다.

10-5 공중관계와 홍보

Public relations(PR)

Many global companies utilize PR to foster goodwill and understanding among constituents both inside and outside the company. The PR department attempts to generate favorable publicity about the company and its products and brands. The PR department must also manage corporate communications when responding to negative publicity. The most important PR tools are press release, media kits, interviews and tours. PR is responsible for providing accurate, timely information, especially in the event of a crisis.

Source: Keegan W. J. and Green M. C. (2011) *Global marketing*, 6th edn. Prentice Hall.

기업들은 소비자와 기업 내 구성원들에게 자사의 좋은 이미지를 심어주기 위한 촉진 수단으로서 공중관계(PR : Public relations)를 적극 활용한다. 공중관계란 국제기업들이 국내외 소비자들에게 선량한 기업 이미지를 심어주기 위해 각종 간행물을 발간하고, 교육기관 및 자선단체 등을 후원하며, 회사시설을 개방하는 등 다양한 편익을 제공하는 것을 의미한다.

기업은 공중관계의 효과적인 수행을 위해 PR전략의 기본 방향을 설정한 후, 구체적인 실행 방법을 결정한다. 공중관계의 실행 방법은 기업이 독자적으로 수행하거나, 또는 현지 비영리기관 등을 통해 다양한 형태로 수행된다. 공중관계의 기본적인 실행 도구로 보도 자료, 뉴스레터, 기자회견, 공장투어, 전문저널의 논문, 기업 브로셔(Brochure), 특별 이벤트, 인터넷 홈페이지 및 SNS 등을 들 수 있다.

마케팅관리자는 공중관계의 촉진효과를 더욱 제고하기 위해 앞에서 언급된 보도 자료나 기자회견 등과 같은 홍보 도구를 전략적으로 활용한다. 그 이유는 공중관계가 홍보를 통해 광고보다 저렴한 비용으로 높은 신뢰성을 확보하면서 기업의 커뮤니케이션 효과를 극대화할 수 있기 때문이다.

■ **홍보**(Publicity)

홍보는 유상적 커뮤니케이션 수단인 광고와 달리, 기업이나 제품이 신문 등의 언론매체를 통해 기사나 뉴스 형태로 소개됨으로써 긍정적 촉진효과가 발생하는 것을 말한다. 기업 입장에서는 홍보를 통해 큰 비용을 들이지 않고도 강력한 커뮤니케이션 효과를 기대할 수 있다. 그 이유는 홍보가 다른 촉진 수단들보다 신뢰도가 높아 국내외 소비자들에 대한 설득력이 강하기 때문이다. 하지만 기업 임의적으로 기사화하는 것이 쉽지 않기 때문에 통제가 어렵다는 단점도 있다. 따라서 기업들은 호의적 홍보를 생성하기 위해 공중관계와 같은 촉진 활동들을 전략적으로 추구한다. 이러한 이유로 공중관계는 홍보나 기업 및 이미지 광고 등 기업의 호의적 이미지를 심어주기 위한 다각적 활동을 모두 포함하는 넓은 의미로 사용되고 있다.

10-6 판매촉진

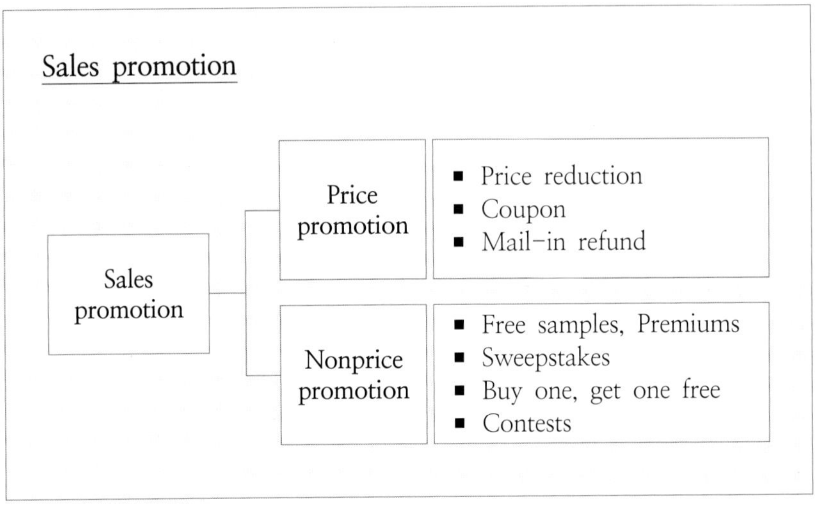

판매촉진(Sales promotion)이란 기업이 제한된 기간 내에 소비자의 제품구매의사를 강력하게 자극하기 위해 사용하는 단기적 유인수단이다. 판매촉진 활동에 대한 규제는 국가 간에 차이가 있으며, 판매촉진의 강도 또한 현지 시장의 경쟁 상황에 따라 달라진다. 촉진의 유형은 다음과 같이 가격촉진(Price promotion)과 비가격촉진(Nonprice promotion)으로 구분할 수 있다.

■ **가격촉진**

가격인하, 쿠폰, 우편환급 등

■ **비가격촉진**

무료샘플, 사은품, 복권, 콘테스트, 끼워주기(1+1) 등

판매촉진은 앞에서 설명한 바와 같이, 푸시전략과 풀전략에서 모두 활용되는 주요 촉진수단이다. 마케팅의 전략적 방향에 따라 판매촉진의 유

형을 다음과 같이 구분할 수 있다.

■ **무역 판매촉진**(Trade sales promotions)

무역 판매촉진은 기업 간(Business to Business) 판매촉진의 의미로 푸시전략과 관련이 있다. 즉, 유통채널 내에서 제품 효용성을 증가하기 위해 생산자가 현지 유통업체를 대상으로 수행하는 판매촉진으로 현금 환불, 유통업체 콘테스트, 간판 등의 설비 지원, 신제품 설명회, 제품정보 지원 등이 있다.

■ **소비자 판매촉진**(Consumer sales promotions)

소비자 판매촉진은 풀전략의 주요 수단이다. 생산자가 신제품에 대한 소비자의 관심을 높이거나 새로운 고객을 유인하기 위해 사용하는 판매촉진으로 끼워주기, 견본 제공, 소비자 콘테스트, 공장 견학, 가격 할인, 샘플 및 쿠폰 제공 등의 방법이 있다.

10-7 인적판매

Advantages and disadvantages of different sales types

Category	Advantages	Disadvantages
Expatriates	▫ Superior product knowledge ▫ Train for promotion ▫ Greater HQ control	▫ Highest cost ▫ High turnover ▫ Cost for language and cross-cultural training
Host country	▫ Superior market knowledge ▫ Language skills ▫ Superior cultural knowledge ▫ Economical	▫ Need company or product training ▫ Low esteem ▫ Difficult to ensure loyalty
Third country	▫ Cultural sensitivity ▫ Language skills ▫ Economical ▫ Regional sales coverage	▫ Need company or product training ▫ Loyalty not assured ▫ Face identity problems

Source: Adapted from Honeycutt Jr. E. D. and Ford J. B. (March 1995) "Guidelines for Managing an International Sales Force," *Industrial Marketing Management*, 24. p.138.

인적판매(Personal selling)란 기업의 판매원과 잠재적 구매자 간에 수행되는 대인(Person to Person) 커뮤니케이션 활동이다. 인적판매는 고객의 니즈나 구매 동기에 맞추어 제품 정보를 차별적으로 제공하면서 고객반응을 바로 측정할 수 있다는 장점이 있지만 비용이 많이 소요되는 단점도 가지고 있다. 인적판매는 양방향 커뮤니케이션 경로로 이루어지기 때문에 주로 고가의 기술집약적 산업재나 일부 내구소비재 구매자들을 대상으로 수행된다.

인적판매의 주요 성공 요인 중 하나인 구매자와의 관계 구축은 국내시장의 경우 상대적으로 수월하다. 하지만 구매자가 다른 국가 또는 문화권 출신인 경우, 즉 국제마케팅에서는 관계 구축을 위해 더 많은 과제들이 추가된다. 기업은 이러한 과제들을 효과적으로 수행하기 위해 해외 인적판매 조직의 구축에 상당한 노력을 기울인다. 판매조직 구축에서 중요한 문제 중 하나는 현지 조직을 현지인 또는 제3국인으로 구성할 것인가, 아니면 본사 직원을 파견할 것인가를 결정하는 것이다. 해외판매인력의 유형은 국적에 따라 다음과 같이 구분할 수 있다.

■ **본사파견 판매인력**(Expatriates)

기업문화와 철학이 배여 있고 높은 수준의 제품 지식을 보유함으로써 신뢰도와 효율성이 높다. 하지만 언어 및 비교문화 훈련비 외에도 이사 비용이나 생활비 등 많은 비용이 든다는 단점이 있다.

■ **현지채용 판매인력**(Host country)

현지 시장과 사업 환경에 정통하고, 언어와 지역 문화에 대한 지식이 우수해서 문화 및 법적 장벽을 쉽게 제거할 수 있을 뿐만 아니라 보수가 상대적으로 저렴하다는 장점을 가지고 있다. 하지만 본사와 제품에 대한 교육과 훈련이 필요하고 충성심을 보장하기 어렵다는 단점이 있다.

■ **제3국 판매인력**(Third country)

본국인이나 현지인이 아닌 제3국 사람을 채용하는 것으로, 현지인 채용과 같이 문화와 언어 능력이 뛰어나고 경제적이라는 장점을 가지고 있다. 하지만 보수와 관련해 자칫 동기부여가 약해지고 충성심이 결여될 뿐만 아니라, 최초 고객 접촉 시 안면 인식 문제가 발생할 수도 있다.

10-8 기타 촉진수단

Special forms of marketing communications

Direct marketing	Any communication with a customer that is designed to generate a response in the form of a order, a request for further information and a visit to a store
Support media	Traditional Support media include transit and billboard advertising
Sponsorship	A form of marketing communications whereby a company pays a fee to have its name associated with a particular event, sports team or etc.
Product placement	Arranging for products and brand names to appear in TV programs, movies and other types of performances

Source: Adapted from Keegan W. J. and Green M. C. (2011) *Global marketing*, 6th edn. Prentice Hall.

기업들은 앞에서 소개된 주요 촉진믹스 외에도 특별한 형태의 마케팅 커뮤니케이션 활동들을 수행한다. 이 절에서는 다이렉트 마케팅 · 지원매체 · 스폰서십 · 간접광고 등 다양한 촉진수단에 대해 살펴보고자 한다.

■ 다이렉트 마케팅(Direct marketing)

다이렉트 마케팅이란 소비자의 주문, 추가 정보 요청, 그리고 매장 방문을 유도하도록 설계된 소비자와의 일대일 커뮤니케이션을 말한다. 기업들은 소비자의 반응을 끌어내고 구매 내역과 소비자 정보 등의 데이터베이스를 구축하기 위해 주로 다이렉트 메일·텔레마케팅·텔레비전·인쇄물 등을 활용한다.

□ **다이렉트 메일**(DM : Direct Mail)

다이렉트 메일은 마케터에 의해 선정된 유망 고객에게 우편서비스를 이용해 개인적인 제안을 전달하는 방법이다. 주로 은행이나 보험회사 등이 이 방법을 활용한다.

□ **카탈로그**(Catalogs)

카탈로그는 제품에 관한 사진 및 일러스트레이션 외에 광범위한 정보를 담고 있는 잡지 스타일의 간행물을 의미한다. 백화점이나 패션업체 등이 카탈로그를 통한 촉진 활동을 많이 활용한다.

□ **정보광고**(Informercial)

정보광고란 TV 화면에 보이는 무료 전화를 이용해 접속한 소비자에게 특정 상품의 시연, 사용방법 설명, 그리고 판매를 권유하는 하는 TV 프로그램의 한 형태이다. 텔레쇼핑이나 홈쇼핑 등도 여기에 포함된다.

■ **지원매체**(Support media)

일반적으로 지원매체는 교통수단 및 광고게시판(Billboard)을 이용한 광고를 의미한다. 교통수단의 경우, 많은 나라에서 택시나 버스가 주요 지원매체로 활용되고 있다. 그리고 광고게시판을 대표하는 옥외광고는 LED(Light emitting diode) 등의 개발에 힘입어 최근 전 세계 대부분 국가에서 광고 시장보다 더 빠른 속도로 성장하고 있다.

■ **스폰서십**(Sponsorship)

스폰서십이란 비대중매체로서 기업이 스포츠나 특별한 문화행사 등에 인적·물질적 후원을 하고, 그 대가로서 이들을 기업마케팅과 매체의 목적으로 사용하는 것이다. 따라서 스폰서십은 공중관계와 판매촉진의 요소들을 혼합적으로 가지고 있다고 할 수 있다. 기업은 스폰서십이 가진 매체와 메시지로서의 기능을 통해 브랜드 이미지를 효과적으로 개선시킬 수 있다. 예를 들면, 월드컵을 후원하는 Coca cola는 경기장 자체를 매체로 활용하면서, 축구가 지닌 젊음과 열정의 메시지를 브랜드 이미지 구축에 활용할 수 있다.

■ **간접광고**(PPL : Product placement)

간접광고란 기업이 인기 TV 프로그램이나 영화 등에 자사 제품과 브랜드를 노출시킴으로써 촉진 효과를 얻는 것을 말한다. 간접광고의 대표적인 성공 사례로 손꼽히는 Starbucks는 대중광고 대신 자사 제품을 다수의 영화에 등장시키는 간접광고를 통해 고급 커피브랜드의 명성을 구축할 수 있었다.

TV나 영화 외에도 유명 인사들이 대중 앞에서 자사 제품을 사용하는 장면을 연출함으로써 제품이 홍보되도록 하는 방법도 일종의 간접광고이다. 예를 들면, Rado는 협찬을 통해 US오픈 테니스대회 남자 단식에서 우승한 Andy Murray가 '라도 D-스타 200 크로노그래프'라는 시계를 차고 우승컵을 들어 올리도록 연출함으로써 제품 및 브랜드를 자연스럽게 전 세계에 홍보할 수 있었다.

제11장

국제유통전략

11-1 유통의 개념

Distribution and supply chain

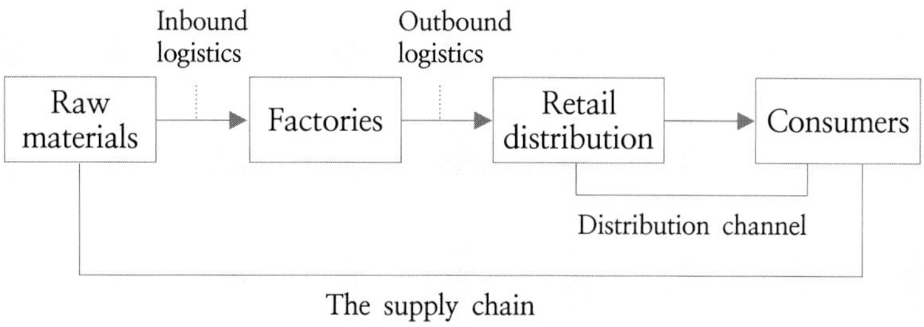

Source: Adapted from Keegan W. J. and Green M. C. (2011) *Global marketing*, 6th edn. Prentice Hall.

유통(Distribution)이란 가치사슬(Value chain) 내의 마케팅 활동 가운데 한 기능으로, 제품 및 서비스가 생산자로부터 소비자에게 전달되는 과정이라고 정의할 수 있다. 협의의 유통은 생산자로부터 소비자로의 소유권 이전, 즉 상적유통(Marketing distribution)을 의미하지만, 광의의 유통은 물적유통(Physical distribution), 즉 물류를 포함한다. 그 이유는 유통과정에서 완제품(Finished goods)의 물리적 이동과 관련된 다양한 활동들이 재화의 가치 제고에 중요한 역할을 하기 때문이다.

유통과 물류의 기능상 차이는 유통업체와 물류업체가 하는 일들을 보면 쉽게 이해할 수 있다. Walmart와 같은 유통업체는 생산자로부터 물건을 저렴한 가격에 구입해서 적절한 단계를 거쳐 최종 소비자에게 판매하기까지의 비용을 최소화하는 데 중점을 둔다. 반면, Fedex와 같은 물류업체는 유통업체가 설계한 각 단계의 이해당사자로부터 비용과 시간을 고려해 가장 적합한 경로를 찾아낸 후 최적의 수송수단으로 제품을 이동시키면서 보관·하역·포장·정보 등 제반 역할을 수행한다.

로지스틱스(Logistics)는 기업이 원료 구매부터 완제품 판매에 이르기까지 원료나 재화의 이동을 가장 합리적으로 수행하기 위해 공급사슬(Supply chain) 안에 있는 공급 · 제조 · 판매와 관련된 기업들의 활동을 통합 및 관리하는 종합시스템을 말한다. 가치사슬의 상류(Upstream)에 있는 원료 공급자로부터 투입 요소가 운송되는 과정을 인바운드 로지스틱스(Inbound logistics)라고 하고, 공장에서 가치사슬 하류(Downstream)에 있는 유통업체로 완제품을 운송하는 것과 관련된 활동을 아웃바운드 로지스틱스(Outbound logistics)라고 한다. 따라서 로지스틱스는 가치사슬(Value chain)의 공급부터 판매활동까지 밀접하게 관련되어 있기 때문에 완제품의 효율적 이동이라는 전통적 개념의 물류보다 대상범위가 더 넓고 시장지향적이라고 할 수 있다.[1] 하지만 기능이나 활동 측면에서 로지스틱스관리(Logistics management)는 물류관리와 차이가 없다. 따라서 많은 학자들이 이들을 동일한 개념으로 이해한다. 이 부분에 대해서는 뒤에서 보다 자세히 설명하고자 한다.

한편 공급사슬관리(SCM: Supply chain management)는 통합 데이터베이스와 EDI(Electronic data interchange)를 통해 공급망의 모든 정보를 공유화하는 것으로 로지스틱스보다 상위 개념이라고 할 수 있다. 최근의 글로벌 공급사슬은 부품 및 원료 조달에서 생산과 유통에 이르기까지 통합 네트워크로서 글로벌 규모로 조직화되고, 경쟁 우위가 극대화될 수 있도록 각 기능의 입지가 결정된다.[2]

---

1) Kotler P. and Keller, K. L. (2005) *Marketing Management*, 12th edn. Pearson.

2) Cavusgil S. T. Knight G. Riesenberger J. R. (2008) *International Business : Strategy, Management, and the New Realities*, Prentice Hall.

11-2 유통전략의 개발

Distribution strategy

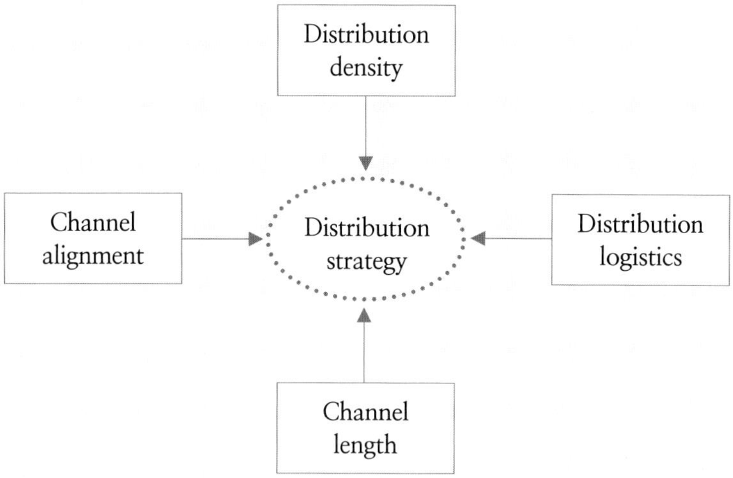

Source: Adapted from Fifield P. & Lewis K. (2000) *International Marketing Strategy*, Butterworth-Heinemann.

유통전략은 마케팅믹스 내의 다른 기능들과 일관성이 있도록 개발되어야 한다. 이를 위해 Jeannet와 Hennessey는 유통전략 개발과 관련된 네 가지 의사결정 요소들을 다음과 같이 제시하였다.[3]

■ 유통 밀도(Distribution density)

유통 밀도란 고객 서비스를 위해 필요한 판매아울렛 수를 말한다. 유통 밀도의 결정은 소비자의 구매행동과 관련되어 있다. 만약 현지 소비자들이 제품을 낱개로 자주 구매한다면 광범위한 유통망이 필요하다. 예

3) Jeannet J. P. and Hennessey H. D. (1989) *Global Marketing Strategies*, Houghton-Mifflin.

를 들면, 담배나 설탕과 같이 이동 속도가 빠른 소비재들의 경우 다수의 소매상이 개입되는 개방적 유통이 적합하다. 반면, 특수한 제품이나 산업재 등은 밀도가 낮은 독점적 유통이 더 효율적이다.

■ **경로 길이**(Channel length)

경로 길이는 제품을 생산자로부터 최종 소비자에게 연결하는 중간상의 수를 의미한다. 경로 길이는 국가마다 다양하고 문화적으로 차이가 있다. 예를 들면, 일본은 '케이레쯔(Keiretsu)'를 통해 수많은 중간상들로 이루어진 복잡하고 후진적인 유통시스템을 가지고 있다. 반면, 서구 기업들은 직접 판매를 통해 경로 길이를 대폭 줄여가는 추세이다.

■ **경로 배열**(Channel alignment)

경로 배열은 유통경로 내 다양한 중간상들의 효과적인 관리와 관련되어 있다. 해외시장에 직접 개입하지 않는 기업들에게 중간상 관리는 매우 어려운 일이며, 거리가 멀수록 중간상들을 조정하는 것이 쉽지 않다. 일반적으로 유통경로에는 국가마다 주된 중간상이 하나씩 존재한다. 예를 들면, 영국에서는 대형소매상, 미국은 도매상, 그리고 신흥국가에서는 유통업체들이 지배적인 존재라고 할 수 있다. 기업은 이러한 차이를 잘 이해하고 국가별 특성에 따라 경로를 배열함으로써 중간상과의 좋은 관계를 구축할 수 있다.

■ **유통 로지스틱스**(Distribution logistics)

앞에서 설명한 바와 같이, 유통 로지스틱스는 기업이 원료 구매로부터 완제품 판매에 이르기까지 원료나 최종재의 물리적 이동을 가장 합리적으로 수행하기 위해 관련 활동들을 관리하는 시스템이다. 기업은 유통과정에서 가장 중요한 비용 포인트를 먼저 판단해야 한다. 그리고 소비자의 니즈와 비용 간의 균형을 맞춤으로써 유통의 효율성과 효과성을 모두 높일 수 있다.

11-3 유통경로의 효용성

A channel of distribution

A channel of distribution is an organized network of agencies and institutions that, in combination, perform all the activities required to link producers with users to accomplish the marketing tasks.

(American Marketing Association)

The major categories of channel utility are place utility(the availability of a product or service in a location that is convenient to a potential customer), time utility(the availability of a product or service when desired by a customer), form utility(the availability of the product processed, prepared, in proper condition and/or ready to use) and information utility(the availability of answers to questions and general communication about useful product features and benefits).

Source: Keegan W. J. and Green M. C. (2011) *Global marketing*, 6th edn. Prentice Hall.

국제유통전략이란 국제 및 글로벌기업이 가장 효율적이고 효과적인 유통경로(Distribution channel)를 구축하는 것을 말한다. 미국 마케팅협회는 유통경로를 "마케팅 목적을 달성하기 위해 생산자와 소비자를 연결하는데 필요한 모든 활동들을 협력하여 수행하는 중개인과 기관들의 네트워크"라고 정의한다. 즉, 유통경로는 상품 및 서비스의 효과적인 전달을 위해 기업내부 판매조직 · 대리상 · 도매상 · 소매상 등 다양한 유통기관들로 구축된다.

유통경로는 국가별 마케팅 시스템에서 가장 차별적인 부문 가운데 하나이다. 그 이유는 유통구조가 국가별로 다양하기 때문이다. 따라서 기업이 낯선 해외시장에 성공적으로 진입하고 또 경쟁우위를 확보하기 위해서는 무엇보다도 효용성 높은 유통경로를 확보하는 것이 중요하다. 유통경로는 고객들을 위해 다음과 같은 효용성을 창출할 수 있어야 한다.[4]

■ **장소 효용성**(Place utility)

고객이 원하는 편리한 장소에서 제품 및 서비스의 사용 가능성

■ **시간 효용성**(Time utility)

고객이 원하는 시간에 제품 및 서비스의 사용 가능성

■ **형태 효용성**(Form utility)

적합한 상태 또는 사용할 수 있도록 가공 및 준비된 제품의 사용 가능성

■ **정보 효용성**(Information utility)

제품의 특징과 혜택에 관한 일반적인 의사전달 및 질문에 대한 답변 가능성

4) Keegan W. J. and Green M. C. (2011) *Global marketing*, 6th edn. Prentice Hall.

11-4 유통경로 구성원

Principle of minimum total transactions

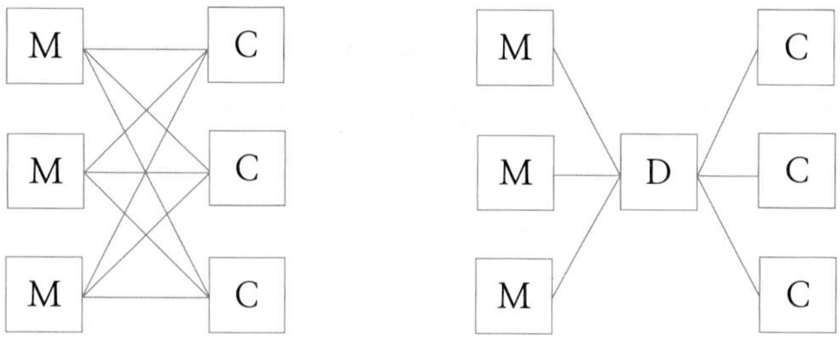

〈Direct channel〉

Total number of transaction = 9

〈Indirect channel〉

Total number of transaction = 6

M=Manufacturer C=Customer D=Distributor

유통경로와 관련하여 생산자가 가장 먼저 결정해야 할 문제 중 하나는 직접경로와 간접경로의 선택이다.

■ **직접경로**(Direct channel)

기업 내 판매조직을 이용하여 제품을 직접 유통하는 통합적 경로이다. 주로 제품 판매 전이나 후에 고도의 서비스를 제공할 필요가 있는 경우에 유리하다.

■ **간접경로**(Indirect channel)

기업외부의 판매대리상(Sales agent)이나 유통업체들을 활용하여 제품을 간접적으로 유통하는 독립적 경로를 말한다. 그 만큼 국제유통에 대한 통제력이 떨어지지만, 생산업체들은 관리시간과 비용 측면에서 유리한 간접경로를 자주 활용한다. 간접경로는 총 거래수를 최소화함으로써 규모의 경제를 통한 물류비용 절감과 함께 높은 마진과 수익을 보장한다.

해외시장에서 생산자가 이용할 수 있는 간접경로는 국가나 제품별로 다양하지만, 크게 중간상(Middle merchant)과 대리상(Agent)으로 구분할 수 있다. 대리상은 생산업체나 수입업체의 위탁을 받아 그들 명의로 제품을 거래하고, 거래대금의 일정 비율을 수수료(Commision)로 받는다. 따라서 대리상은 거래제품에 대한 소유권을 갖지 않기 때문에 위험부담도 없다. 대리상의 형태로 중개업자(Broker)나 현지대리점(Resident sales agent) 등을 들 수 있다.

한편, 중간상은 자신의 비용으로 독자적인 수출입 활동을 한다는 점에서 대리상과 차이가 있다. 따라서 구입가격과 판매가격의 차이가 곧 중간상의 영업이익이 된다. 중간상에는 수입업체 · 유통업체 · 딜러 · 도매상 · 소매상 등이 있다.

■ **유통업체**(Distributor)

생산업체와 장기적 계약을 맺고 특정 시장에서 독점적 판매권을 가진다. 일반적으로 유통업체는 생산업체와 긴밀한 유대관계를 형성한다.

■ **딜러**(Dealer)

자동차와 같은 내구 소비재나 특정 산업재 등을 소비자에게 직접 판매하는 중간상으로, 생산업체와 지속적인 유대관계를 맺는다.

■ **도매상**(Wholesaler)

도매상은 생산업체로부터 제품을 구입한 후, 이를 소매상이나 다른 도매상에게 재판매하는 독립된 조직이다. 도매상은 생산자와 소비자들의 수가 많은 제품, 특히 농산물 등에서 효과적이다.

■ **소매상**(Retailer)

소매상은 상품을 생산업체나 도매상으로부터 매입하여 최종 소비자에게 판매하는 역할을 한다. 최근 국경을 초월한 글로벌 소매상들의 활동이 활발해지면서 소매상의 유통기능도 더욱 중요해지고 있다. 소매상에 관한 내용은 뒤에서 다시 설명하기로 한다.

11-5 유통경로 선택요인

Channel design influences

Customer characteristics	The demographic and psychographic characteristics of targeted customers
Culture	The existing channel structures or the distribution culture
Competition	Channels used by competitors may be the only product distribution system that is accepted by both the trade and consumers
Company objectives	Market share or profitability
Character of the market	Nature of the company and product
Cost	Cost of maintaining a channel
Capital	Financial requirements for setting up a channel system
Coverage	Intensive, selective or exclusive
Control	Control depends on company plans for the future
Continuity	Continuity provided is expressed through visible market commitment
Communication	Communication effectiveness for channel coordination

Source: Adapted from Czinkota M. E and Ronkainen I. A. (2006) *International Marketing*, 8th edn. Thomson Learning.

앞에서 설명한 것처럼, 소비재든 산업재든 기업이 선택할 수 있는 유통경로에는 다양한 대안들이 있다. 이들 가운데 기업이 현지시장에 가장 적합한 경로를 구축하기 위해서는 고객과 제품특성 외에도 여러 가지 요인들을 고려해야 한다. Czinkota와 Ronkainen은 유통경로의 설계와 관리를 위해 고려해야 할 11Cs 요소들을 다음과 같이 제시하였다.[5)]

■ **고객특성**(Customer characteristics)

현지 목표고객의 인구통계학적・심리적 특성을 의미한다. 고객 특성은 식료품 구매에서도 국가 간 차이를 찾아 볼 수 있다. 일본 소비자들은 대체로 가까운 상점에 자주 들러 소량의 식료품을 구매하는 반면, 벨기에 소비자들은 대형 하이퍼마켓에서 대량의 식료품을 한 번에 구매한다.

■ **문화**(Culture)

여기에서 문화란 현지 유통구조 및 관행을 의미한다. 유통구조의 경우, 핀란드에서는 몇 개의 대형도매상들이 전체 시장을 담당하지만, 일본에는 수십만 개의 도매상과 수백만 개의 소매상들이 있다. 특히 일본에서는 케이레쯔라는 독특한 기업문화를 통해 공급체인이 긴밀하게 연결되어 있다. 유통관행도 대체로 국가 간의 차이가 있다. 한국에서는 유통업체의 제품배달이 보편화되어 있지만, 미국에서는 대부분 소비자들이 제품을 직접 운반한다.

■ **경쟁**(Competition)

현지시장에서 경쟁기업의 유통경로 및 방식은 다양하다. 예를 들면, 인도네시아에서 미원은 주로 차량을 이용한 호별 방문으로 제품을 판매하고 있다. 반면, 일본의 Ajinomoto는 직판점을, 대만의 Sasa는 대형대리점을 이용한다.

---

5) Czinkota M. E and Ronkainen I. A. (2006) *International Marketing*, 8th edn. Thomson Learning.

■ **기업목표**(Company objectives)

기업목표도 유통경로의 선택에 영향을 미치는 주요 요인이다. 만약 기업의 전략적 목표가 장기적이고 고객만족을 위한 수준 높은 가치 제공이라면 직접경로를 선택할 가능성이 크다. 반면, Xerox는 시골과 소도시의 시장점유율을 향상시키기 위해 직판조직을 외부 유통업체로 대체하였다.

■ **시장의 특성**(Character of the market)

시장의 특성은 기업 및 제품의 특성과 연계되어 있다. 기업이 국제경영 경험이 적거나 이미지 및 인지도가 낮은 경우에는 처음 진입하는 시장에서 현지 유통업체를 활용하는 것이 쉽지 않다. 그리고 제품이 고가이거나 부피가 큰 경우에는 현지 유통업체나 소매점이 분산되어 있는 시장에서 상품의 집중화와 신속한 이동이 불가능하기 때문에 효율성이 떨어진다. 도로 및 통신 사정이 열악한 시장에서도 산발적이고 우회적인 유통경로는 시간에 민감한 제품들의 경쟁력을 악화시킬 가능성이 크다. 간혹 신흥시장에서 외국 수입업자의 직접경로 이용에 대한 법적 규제가 현지의 산발적 유통구조 문제를 더욱 복잡하게 만드는 경우도 있다.

■ **비용**(Cost)

비용이란 생산업체가 유통경로의 유지 및 관리를 위해 사용하는 비용을 의미한다. 일반적으로 중개인 수수료, 수송 및 보관비용, 서류작성비, 현지 광고비, 신용판매・판매대행・협상 등과 관련된 제반비용 등 운영비용이 소요된다. 그리고 시장상황이 악화되는 경우에는 현지 유통업체에게 보조금을 지급하는 경우도 있다.

■ **소요자본**(Capital required)

소요자본이란 특정 유통경로 개발에 투자되는 자본을 의미한다. 일반적으로 자체판매망을 활용하는 경우에는 자본투자가 많이 소요되어 현금흐름에 문제가 발생할 수도 있다. 독립된 중간상, 즉 유통업체나 딜러를 활용하는 경우에는 초기 현금투자를 줄일 수 있지만 위탁판매, 신용거래, 초기재고 제공 등의 투자비용이 발생한다. 대리상을 이용하는 경우에도 현금투자가 요구되지 않지만 초기에 각종 지원금 등의 비용이 소요된다. 그리고 중간상을 이용하는 경우와 달리 최종 소비자와 거래가 완료된 후 제조업자에게 대금이 결제되기 때문에 현금흐름 상 불리할 수도 있다.

■ **통제**(Control)

통제는 유통경로의 길이와 관련되어 있다. 대체로 경로의 길이가 길수록 가격・물량・촉진방법 등에서 통제력이 약화된다. 따라서 수직적 통합을 통한 자체 판매조직을 활용해 직접 수출하는 방식으로 통제력을 강화할 수 있지만 그만큼 추가적 자본 및 비용이 소요된다.

한편 제품의 특성에 따라서도 유통경로의 통제 수준이 결정된다. 예를 들면, 일본에 진출한 진로소주와 같이 제품차별화 정도가 크고 브랜드 파워가 강하다면 그만큼 통제력을 강화할 수 있다.

■ **시장 및 판매범위**(Coverage)

커버리지는 제품의 노출지역 수나 시장범위를 의미한다. 기업이 특정 해외시장에서 적정한 시장점유율을 달성하기 위해서는 중간상이나 자체 판매조직 등 다양한 경로를 활용할 수 있다. 일반적으로 지방 인구가 많고 산발적인 시장에서는 소매아울렛과 같은 중간상을 활용하는 것이 유리하다. 하지만 Avon은 브라질이나 중국 등 신흥시장에서 자체 판매팀을 이용하여 시장 전역을 방문하면서 수백만 명의 소비자들에게 화장품을 성공적으로 판매하였다.

■ **연속성**(Continuity)

현지 유통업체와의 연속성은 경쟁력 측면에서 중요한 문제이다. 대체로 소수 개인에 의해 운영되는 현지 유통업체들은 공급업체에 대한 충성심이 약해서 쉽게 이탈하는 경우가 많다. 따라서 간접경로를 이용하는 경우 이탈방지를 위해 현지 유통업체와의 협력을 강화하고, 현지 판매법인 설립 및 현지인 채용 등을 통해 현지 시장에 대한 개입 수준을 높일 필요가 있다.

■ **의사소통**(Communication effectiveness)

기업이 유통전략을 효과적으로 수행하기 위해서는 유통경로 간 의사소통뿐만 아니라 현지 소비자와의 의사소통도 필요하다. 일반적으로 유통경로의 갈등은 사회 · 문화 · 기술 · 시간 · 지리적 거리로 인해 발생한다. 따라서 기업은 이들 거리를 줄이기 위해 구성원 간의 원활한 정보교류와 상호협력이 용이한 유통구조를 선택해야 한다.

11-6 소비재 유통경로

Marketing channel alternatives: consumer products

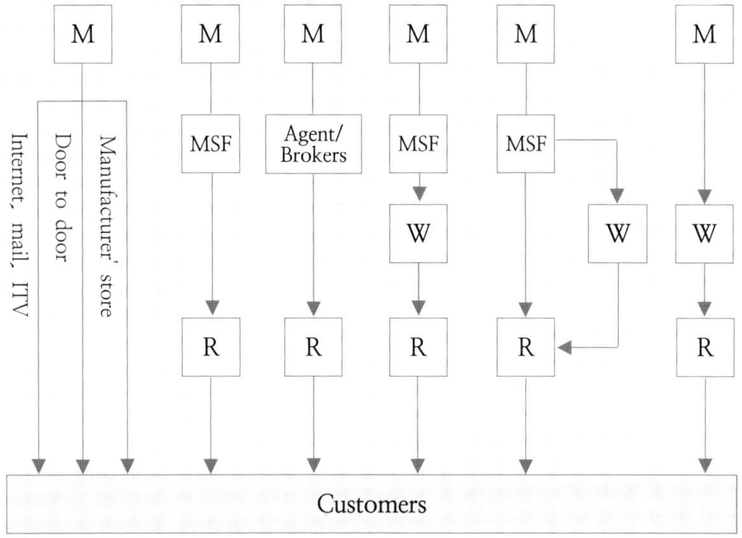

M=Manufacturer MSF=Manufacturer's sales force
W=Wholesaler R=Retailer

Source: Keegan W. J. and Green M. C. (2011) *Global marketing*, 6th edn. Prentice Hall.

유통경로는 제품에 따라 구조상 큰 차이가 있다. 여기에서는 소비재의 유통경로를 먼저 살펴보고자 한다. 소비재 유통경로는 개인 구매자들이 쉽게 접하는 편의품 등을 전달하는 경로이다. 소비재 유통구조는 내부 판매조직 · 도매상 · 소매상 · 대리상 등의 다양한 조합들로 설계된다. 국제마케팅의 경우 개인 소비자 수가 많고 또 그들의 쇼핑습관과 소득 등이 나라마다 다양하기 때문에 시장별로 상이한 유통경로 구축이 요구된다.

산업재도 마케팅의 성공을 위해 혁신적인 유통경로의 구축이 필요하다. 글로벌 PC산업에서 Dell은 직접 판매와 고객만족을 기반으로 b-to-b(business to business) 마케팅에 성공하였고, 이후 가정용 PC와 대형 복사기로 직접 판매를 확산시켰다. 일반적으로 컴퓨터 관련 제품들은 사용설명과 적용 방법에 대한 분석이 필요한 고가의 복잡한 제품들이다. 따라서 구매자에게 정보를 제공하고 구매를 설득하는 과정에서 훈련된 영업사원과 판매담당 기술자들로 구성된 직접판매조직을 활용하는 것이 다른 유통구조보다 더 적합했던 것이다.[7)]

---

7) *Ibid*.

11-8 글로벌 소매상의 유형

<u>Types of retail operations</u>

- Department stores
- Specialty retailers
- Supermarkets
- Convenience stores
- Discount retailers
- Dollar stores
- Hard discounters
- Hypermarkets
- Supercenters
- Superstores
- Shopping malls
- Outlets stores

Source: Keegan W. J. and Green M. C. (2011) *Global marketing*, 6th edn. Prentice Hall.

최근 국내시장에서 성공한 소매기업들이 인수합병이나 합작투자 등을 통해 그들의 사업을 해외로 확장해 나가면서 시장의 글로벌화를 촉진시키고 있다. 신흥시장의 출현뿐만 아니라 국내시장의 포화와 경기침체, 유통규제 강화 등 수많은 환경요소들의 변화가 소매상 글로벌화의 주요 원인이라고 할 수 있다. 예를 들면, Walmart의 글로벌시장 확장은 1990년대 중반 미국 시장에서의 저조한 재무성과와 함께 나타났다.

글로벌 소매기업들은 해외시장에서 더 많은 상품들을 더 저렴한 가격으로 제공하면서 중요한 유통기능들을 수행한다. 그리고 자신들을 차별화하기 위해 다양한 마케팅 전술들을 수행하고 있다. 예를 들어, 7-eleven은 매장 안에 세븐뱅크 ATM을 보유하고 있고, 저가의 자체상표인 세븐프리미엄을 판매한다. 이처럼 마케팅과 가치사슬 측면에서 뛰어난 경쟁력을 바탕으로 글로벌 활동을 확대하고 있는 소매상들의 유형은 다음과 같이 다양하다.[8)]

■ **백화점**(Department store)

한 건물 안에 상이한 상품라인과 판매원들이 배치된 수십 개의 매장이 있다. 글로벌 백화점의 사례로 멕시코와 두바이 등에 진출한 미국의 Saks Fifth Avenue나 브라질에서 대성공을 거둔 J. C. Penny 등을 들 수 있다.

■ **전문점**(Specialty retailer)

백화점과 달리, 특별한 목표시장을 상대로 전문화된 소수의 상품군을 판매한다. 그리고 제품특성에 따라 전문지식을 가진 직원들이 고품질의 서비스를 제공한다. 전문점의 사례로 Starbucks나 Victoria's secret 등이 있다.

■ **슈퍼마켓**(Supermarket)

다양한 식품과 비식품류를 판매하는 단층 구조의 소매점으로 셀프서비스가 특징이다. 이마트와 영국의 Tesco 등이 세계적으로 확장하고 있는 글로벌 슈퍼마켓의 성공사례라고 할 수 있다.

---

8) *Ibid*.

■ **편의점**(Convenience store)

슈퍼마켓이 제공하는 동일 상품의 일부를 판매한다. 하지만 회전율이 높은 편의품과 충동구매 상품으로 한정되어 있고 일부 상품은 가격이 슈퍼마켓보다 비싼 편이다. 가장 글로벌한 편의점으로 7-eleven을 들 수 있다.

■ **할인소매점**(Discount retailer)

저렴한 가격이 할인소매점의 가장 큰 특징이다. 대표적 할인소매점인 Walmart는 초대형 매장 안의 다양한 라인의 품목들을 모두 저렴하게 판매한다. 또한 Walmart는 창고형 할인클럽(Warehouse club) 부문의 선두주자이기도 하다. 회원제로 운영되는 창고형 할인클럽은 배송상자에 진열된 제한된 품목들을 저렴하게 판매한다.

■ **달러스토어**(Dollar store)

선택된 종류의 제품들을 단일 최저가격으로 판매하며 셀프서비스를 기본으로 운영된다. 미국의 Family dollar stores와 Dollar tree stores가 세계적인 달러스토어이다.

■ **하드 디스카운터**(Hard discounter)

보통 1,000개 내외의 품목을 초저가에 판매하는 소매점을 말한다. 유럽에서는 식료품 판매의 약 10%를 차지하고 있으며, 자체상표를 가진 상품들을 많이 취급한다. 대표적인 하드 디스카운터로 Aldi나 Leader price를 들 수 있다.

■ **하이퍼마켓**(Hypermarket)

한 건물 안에 할인점·슈퍼마켓·창고형 할인매장이 결합되어 있는 혼합형 소매상이다.

■ **슈퍼센터**(Supercenter)

하이퍼마켓의 절반 정도 공간에서 보통 상품들과 저가의 다양한 식료품을 판매한다. Walmart의 슈퍼센터나 롯데의 롯데슈퍼 등을 들 수 있다.

■ **슈퍼스토어**(Superstore)

Home depot나 IKEA처럼 특정 상품군을 대량으로 저가에 판매하는 카테고리 킬러를 의미한다.

■ **쇼핑몰**(Shopping mall)

한 장소에 여러 종류의 상점·식당가·영화관 등이 집단으로 모여 있는 대형 쇼핑센터를 의미한다. 주요 간선도로에서 접근이 용이하며, 넓은 주차장을 보유하고 있다. 미국의 경우, 사람들이 도심에서 교외로 많이 이주하면서 부동산업자들에 의해 쇼핑몰의 개발이 급속하게 이루어지고 있다. 중국 둥관에도 세계적인 규모를 자랑하는 South china mall이 있다.

■ **아울렛**(Outlets store)

주로 공장재고나 이월상품 등을 저가에 판매하는 소매점 형태를 말한다. 이들은 보다 많은 소비자들을 유인하기 위해 아울렛 몰(Outlets mall)에 함께 모여 있는 경우가 많다. 대표적인 아울렛 몰로 한국에도 진입한 미국의 Premium outlets을 들 수 있다.

11-9 글로벌 소매상의 특성

Global trends in distribution

- Large-scale retailing
- Direct marketing
- Discounting
- Information technology
- Growth of own-label brands
- Smart-phone and internet

Source: Adapted from Fifield P. & Lewis K. (2000) *International Marketing Strategy*, Butterworth-Heinemann.

유통은 국제마케팅에서 가장 빠르게 변화하고 있는 분야이다. 유통의 수단이나 관련 기술들이 하루가 다르게 발전하고 있기 때문이다. 기업들은 성공적인 마케팅 활동을 위해 유통의 국제적 동향을 잘 이해할 필요가 있다. 특히 다양한 형태로 시장의 글로벌화를 가속화시키고 있는 글로벌 소매상들의 특징을 살펴봄으로써 유통의 최근 동향을 이해할 수 있다.

■ **대규모 소매활동**(Large-scale retailing)

소매상들의 글로벌화가 크게 늘고 있다. 소매상들이 시장 글로벌화를 적극 추진하는 이유 중 하나는 그들이 활동규모를 확대함으로써 규모의 경제에 의한 가격인하를 달성할 수 있기 때문이다. 하지만 글로벌 소매상들의 대규모 소매활동이 현지 소규모 영세소매상들의 영업을 더욱 어렵게 만들면서 점차 사회적 문제로 확산되고 있다.

■ **직접마케팅**(Direct marketing)

글로벌 소매상이 마케팅 인프라가 복잡한 국가에서 마케팅 활동을 직접 수행하는 것은 쉬운 일이 아니다. 그럼에도 불구하고 소매상들은 유통부문에서의 직접마케팅을 확대시켜나가고 있다. 라이프스타일의 변화, 여성 취업률의 향상, 스마트폰과 인터넷의 발달이 이러한 현상을 더욱 가속화시키는 주요 요인들이다.

■ **할인**(Discounting)

기술의 발달로 유통비용이 줄어들고, 낮은 유통비용이 공급업자와 유통업자 그리고 소비자들 간의 거리를 축소시키면서 글로벌 소매상들의 가격인하가 지속적으로 진행되고 있다. 특히 소매상들은 위에서 언급한 대규모 소매활동이나 직접마케팅 등을 통해 국제적인 가격인하 경쟁을 벌이고 있다. 지역통합도 가격할인의 주요 요인이라고 할 수 있다. 그 이유는 국경철폐로 인해 국제유통이 용이해지고 동시에 제품의 이동속도가 빨라졌기 때문이다.

■ **정보기술**(Information technology)

글로벌 소매상의 정보기술이 비약적으로 발전하면서 전 세계 어디든 상품의 공급이 가능해지고 있다. 특히 Toyota의 JIT(Just-In-Time) 재고관리기법은 소매상의 글로벌화를 촉진시키는 계기가 되었다. Walmart는 자체 인공위성과 RFID 등 최첨단 정보기술을 이용해 수요와 공급의 균형을 맞춤으로써 더욱 강한 경쟁력을 얻을 수 있었다. 오늘날 정보기술의 발달은 배달이나 재고 유용성 등 소매상의 대고객서비스 향상에 결정적인 역할을 하고 있다. 상품의 품질이나 기능이 서로 유사해지면서 완벽한 서비스가 세계 시장에서 소매상의 주요 차별화 요소로 자리 잡고 있다.

■ **자사브랜드 확대**(Growth of own-label brands)

대형 글로벌 소매상들의 영향력이 커지면서 PB(Private Brand) 또는 PL(Private Label)이라고 불리는 자사브랜드의 사용이 점차 확대되고 있다. 이러한 현상이 제조업체 브랜드보다 더 저렴한 가격책정을 가능케 함으로써 소매상들의 가격경쟁력 향상에 크게 기여하고 있다.

■ **스마트폰과 인터넷**(Smart-phone and internet)

오늘날 전 세계 수많은 고객들이 스마트폰이나 인터넷을 통해 글로벌 소매상들의 제품을 주문할 수 있다. 스마트폰과 인터넷은 이제 거의 모든 제품범주와 서비스 영역에서 소비자가 선택하는 첫 번째 유통경로로 자리 잡아가고 있다.

11-10 국제물류관리

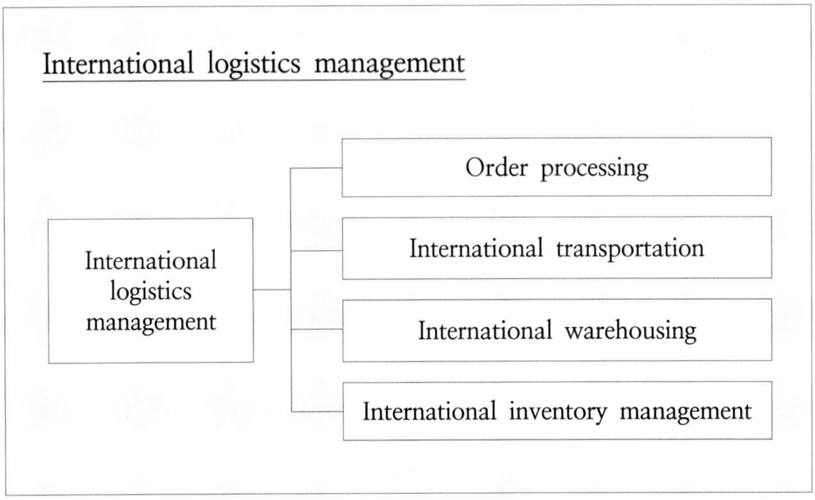

앞에서 언급한 바와 같이, 물류관리와 로지스틱스관리는 기능이나 활동 측면에서 차이가 없다. 이들은 고객이 원할 때 언제 어디서든 원료나 제품에 대한 접근이 가능하도록 관련 활동들을 효율적으로 관리하는 데 중점을 두고 있다. 따라서 물류관리나 로지스틱스관리에서는 다음과 같이 주문처리 · 운송 · 보관 · 재고 등의 효율적 통제와 이들의 일관된 시스템 구축이 주요 관심사라고 할 수 있다.

■ **주문 처리**(Order processing)

주문 처리란 고객의 주문을 이행하는 데 필요한 주요 정보를 입력하는 활동을 말한다. 주문처리 과정은 크게 기업의 정보시스템에 주문을 입력하는 주문 입력(Order entry), 유통에서의 제품위치 확인 및 운반과 관련된 주문 출하(Order handling), 그리고 고객이 제품을 사용할 수 있도록 전달하는 주문 배송(Order delivery)으로 분류할 수 있다.[9]

9) *Ibid*.

■ **국제운송**(International transportation)

국제운송에 관한 의사결정은 기업이 국내외 유통경로를 통해 제품을 운송할 때 사용하는 운송 방식이나 수단의 선택에 관한 것이다. 주요 운송방식에는 해상 · 항공 · 철도 · 트럭 · 내수로 · 파이프라인 등이 있다. 해상운송은 한꺼번에 많은 재화를 저렴하게 운반할 수 있기 때문에 거의 모든 제품의 국제운송에 이용된다. 항공운송은 고가품이나 긴급품 등을 신속하게 운송하는 데 가장 적합한 운송수단이다. 철도운송은 대량의 상품을 장거리 운송하는 데 효율적이다. 철도운송에서 피기백 서비스(Piggy-back service)란 컨테이너를 적재한 트레일러를 무개화차에 실어 수송하는 방식을 말한다. 트럭운송은 장거리 및 지역 운송에 적합하다. 그리고 내수로운송은 비용이 저렴해 농산물이나 비료 등의 운반에 주로 사용되고, 파이프라인은 원유나 가스의 공급을 위해 설치된다.

■ **국제보관**(International warehousing)

국제보관은 단순히 제품을 보관하는 활동 외에 수집 · 분류 · 재선적을 위한 준비작업 등의 활동을 포함한다. 그리고 해외시장에서 품절이라는 최악의 상황에 직면하지 않도록 소비시점에 예비 재고품을 다량 보유하는 것도 보관의 중요한 역할이다. 보관 활동에서 가장 중요한 역할을 담당하는 곳이 창고(Warehouse)이다. 따라서 최근 RFID(Radio Frequency Identification) 등 첨단기술이 적용된 자동화 시설로 설계되는 창고가 점증하면서 보관의 효율성도 높아지고 있다.

■ **국제재고관리**(International inventory management)

일반적으로 해외시장이 국내시장보다 재고 수준이 높기 때문에 더 많은 관리비용이 소요된다. 따라서 국제재고관리는 해외고객 서비스와 재고비용 간의 균형을 이룰 수 있도록 적정 수준의 재고를 유지하는 것이 무엇보다 중요하다. 기업이 해외시장에서의 재고수준을 낮추기 위해 수출자유지역(EPZs : Export Processing Zones)을 활용하는 방안이 있다. 수출자유지역은 세관을 통과하지 않은 상태에서 수출품의 보관 · 가공 ·

환적이 가능하기 때문에 이곳에 재고관리센터를 설치하고 인근 해외시장에 상품을 공급한다면 재고비용을 크게 줄일 수 있다.

이상의 국제물류관리 활동들은 상호 밀접하게 관련되어 있다. 예를 들면, 생산설비의 배치가 창고의 수나 배치에 영향을 미치고, 창고에 대한 결정은 운송형태나 선적규모 등에 영향을 미친다. 따라서 이들 활동들을 각각 분리하지 말고 하나의 총체적 시스템 안에서 파악할 필요가 있다. 다시 말해, 물류관리를 공급부터 수요까지 하나의 시스템으로 통합하는 SCM을 도입하는 것이다.

최근 SCM도 진화하고 있다. 초기 SCM은 공급 · 물류 · 수요라는 전통적 영역에서의 재고 감축에 초점을 맞추고 있었다. 하지만 차세대 SCM은 탄력성 · 친환경성 · 고객지향성이라는 특성을 가지고 전통적 영역을 넘어 글로벌소싱이나 디자인 등으로까지 영역을 확대하고 있다. 최근 LG전자나 McDonald's 등과 같은 산업별 글로벌 선두기업들이 차세대 SCM을 도입함으로써 기업의 차별적 글로벌 경쟁력 확보에 박차를 가하고 있다.

11-11 수출절차

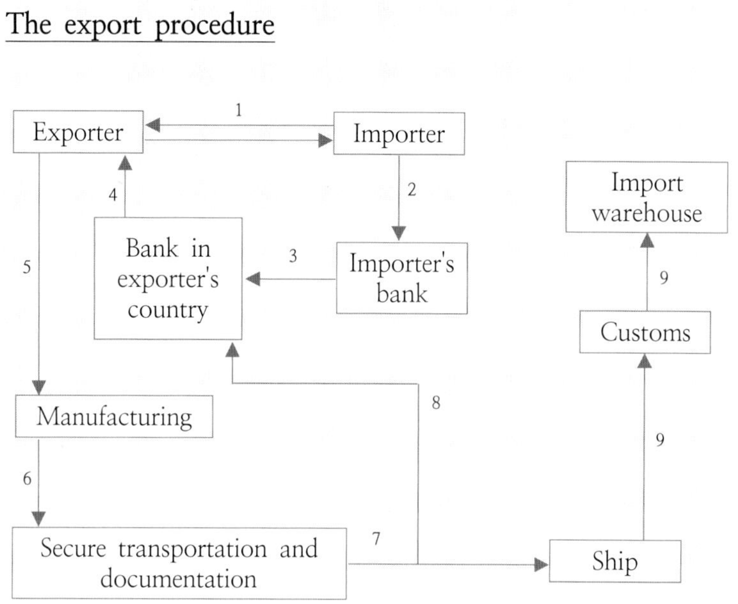

Source: Albaum G., Strandskov J., Duerr E. and Dowd L. (1989) *International marketing and Export Management*, Addison-Wesley Publishing Company.

국제물류는 실무적으로 제품 주문에서 완제품의 인도까지 수출절차와 관련되어 있다. 따라서 국제마케팅관리자는 수출절차와 관련 서류 등을 순서에 따라 잘 이해함으로써 향후 법적 소송이나 지급 거절과 같은 최악의 사태를 미연에 방지해야 한다. 일반적으로 수출절차는 수출계약 체결 · 수출승인 · 수출품 가공 및 제조 · 수출통관 · 선적 · 네고(Nego) · 관세환급 등의 순서로 이루어진다.

■ **수출계약 체결**(Sales contract)

수출계약은 보통 매수인이 제품에 대한 조회(Inquiry)를 한 후, 오퍼

(Offer)와 승낙(Acceptance)으로 이루어진다. 수출계약에서는 계약 관계에 대한 당사자 간 합의가 중요하며, 상품 규격 · 인도조건 · 대금결제 방식 등의 계약 조건을 계약서에 명시해야 한다.

■ **신용장 수취**(Receipt of L/C)

수출계약이 체결되면 매수인은 자신의 거래 은행에게 수출매도인을 수익자로 하는 신용장(L/C : Letter of Credit) 발급을 의뢰한다. 수출업자는 수출대금의 확실한 회수를 위하여 신용장 내용이 계약 내용과 일치하는지, 실행하기 어려운 특별한 조건 등이 포함되어 있는지 잘 살펴봐야 한다.

■ **수출 승인**(Export license)

수출 승인은 정부가 기업의 적법한 수출 이행과 그에 따른 대금 회수를 정책적으로 관리하기 위한 것이다.

■ **수출품 제조**(Manufacturing)

수출품을 확보하기 위해 자체적으로 가공 및 제조하거나, 다른 생산업체로부터 완제품을 구매한다.

■ **수출 통관**(Export clearance)

수출품을 보세구역에 반입한 후 수출신고서를 작성하여 세관에 전산으로 신고한다. 서류 검토 후 이상이 없으면 신고서가 수리되고 수출면장(Export permit)을 받는다. 정해진 기간 내에 수출품을 보세구역으로부터 반출하여 선적하여야 한다.

■ **선적 및 해상보험**(Shipment and insurance)

선박회사와 해상운송계약을 체결한 후, 수출화물을 선적하고 선하증권을 발급받는다. 수출가격에 보험료가 포함된 경우 해상보험계약을 체결하고 보험증권을 발급받는다.

■ **수출대금 회수**(Negotiation)

선적을 완료한 수출업자는 신용장에서 요구하는 환어음과 상업송장(Commercial invoice) · 선하증권(Bills of lading) · 보험증권(Marine insurance certificate) · 원산지증명서(Certificate of origin) · 포장명세서(Packing list) 등의 서류를 구비한 후 외국환은행에 환어음의 매입을 의뢰한다.

■ **관세 환급**(Duty drawback)

수출을 완료한 후 수출용 원자재를 수입할 때 납부했던 관세를 환급받는다.

제12장

인터넷과 국제마케팅

12-1 기술과 국제마케팅

12-2 기술혁신과 경쟁우위

12-3 인터넷과 e-비즈니스

12-4 웹사이트의 목적

12-5 국제 e-마케팅

12-6 e-비즈니스가 국제마케팅에 미친 영향

12-7 인터넷과 국제마케팅전략

12-1 기술과 국제마케팅

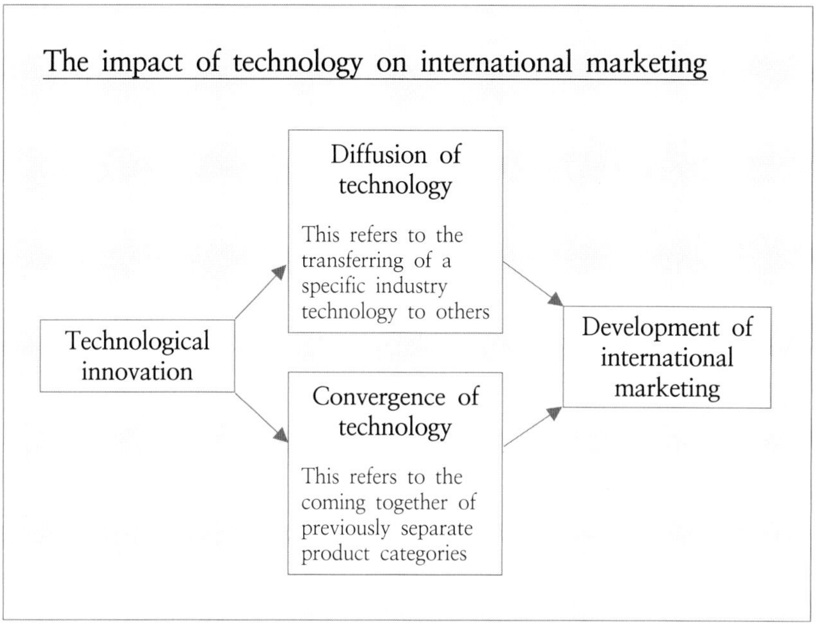

12장의 내용은 Doole and Lowe(2008)의 교재를 주로 참고하였으며, 국내 상황과 시대적 흐름에 맞게 저자가 내용을 편집하였다.[1)]

기술은 국가의 경제 발전뿐만 아니라 기업의 국제마케팅 발전에도 상당한 영향을 미친다. 사실, 기업이 글로벌소싱이나 소셜커머스(Social commerce) 등과 같은 새로운 마케팅 진화들을 가속화하고, 다양한 정보의 효율적 수집을 통해 글로벌 시장을 확대할 수 있는 것도 기술 진보의 덕이다. 특히 디지털기술의 발전은 전 세계 시장으로부터 다양한 정보들을 보다 빨리 수집할 수 있는 방법과 미래 소비자들의 니즈와 욕구를 효과적으로 분석하고 예측할 수 있는 방법들을 제공함으로써 국제마케팅의 진화에 중대한 역할을 하고 있다.

1) Doole, I. and Lowe, R. (2008) *International Marketing Srategy*, 5th edn. CENGAGE Learning EMEA.

노동비용이 비싼 선진국의 기업들은 단순히 제조나 서비스만을 통해 부가가치를 창출하는 것이 쉽지 않다. 따라서 글로벌 시장에서의 경쟁우위를 확보하기 위해 지속적으로 기술과 마케팅의 혁신에 집중하지 않으면 안 된다. 특히 기술혁신은 다음과 같은 파생 효과들을 통해 국제마케팅의 발전을 더욱 촉진시킨다.

■ **기술확산**(Diffusion)

기술은 특정 산업과 관련되어 개발될 지라도 시간의 흐름과 함께 다른 분야로 확산되면서 국제마케팅의 변화를 주도한다. 예를 들어, 인터넷은 방위산업에서의 사용을 목적으로 최초에 개발되었지만 수십 년 동안 모든 산업에 확산되어 경영방식의 진화와 국제마케팅 커뮤니케이션 발전에 엄청난 영향을 미쳤다.

■ **융합**(Convergence)

기술혁신은 상이한 기술 및 상품 간의 통합에도 중대한 영향을 미친다. 이러한 융합은 국제마케팅이 안고 있는 많은 고민들을 해결해주었다. 기술혁신을 통해 모바일 텔레커뮤니케이션(Mobile telecommunication) · e-commerce · 컴퓨터 지원 디자인 · 로지스틱스 관리 등 수많은 기술들이 통합되면서 국제마케팅이 안고 있는 고질적 문제들이 해결될 수 있었다. 예를 들어, 몇 명의 직원들로 구성된 중소기업이 수십 개 국가의 수많은 잠재 고객들에게 자신의 제품이나 서비스를 손쉽게 마케팅할 수 있게 되었다. 또 기업이 자신의 제품을 활용해 전 세계 잠재 고객들이 그들의 경험을 공유할 수 있게 만들었다.

특히 디지털혁신에 의한 상품의 융합은 전 세계인을 한 곳으로 모으고 있다. 이제 모바일 폰은 단순히 소리나 문자를 보내는 기계가 아니라 음악과 동영상을 다운받고 TV나 인터넷에 접속할 수 있는 모바일 커뮤니케이션 장치로 개발되어 국가 간 거리를 더욱 좁히고 있다. 기술융합은 앞으로도 제품뿐만 아니라 서비스나 콘텐츠 영역에서도 더욱 확대될 것으로 기대된다.

12-2 기술혁신과 경쟁우위

The circle of technology and competitive advantage

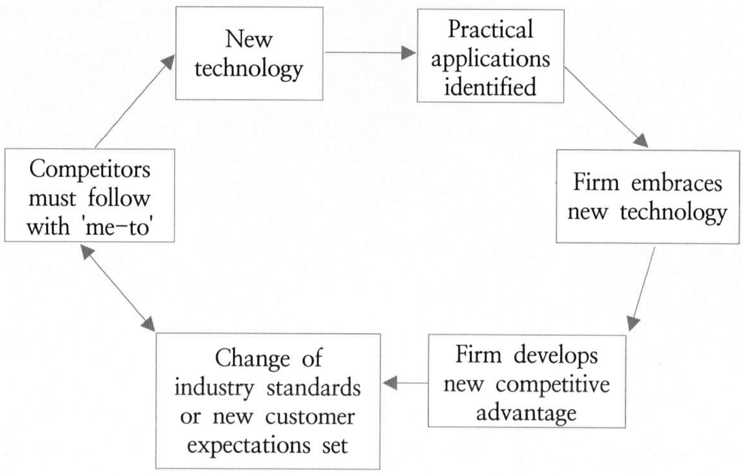

Source: Doole, I. and Lowe, R. (2008) *International Marketing Srategy*, 5th edn. CENGAGE Learning EMEA.

기술혁신이 국가 간 문화적 차이나 표준화와 적응화 간의 딜레마 등 국제마케팅과 관련된 중요한 문제들을 본질적으로 해결할 수는 없다. 하지만 기업이 새로운 마케팅 기회를 창출하고 또 국제마케팅에 도전할 수 있도록 경쟁우위의 창출에 크게 기여한다. 그 이유는 기술혁신이 새로운 변화를 주도하고 또 변화에 대응할 수 있는 수단을 제공할 뿐만 아니라 과거보다 더 많은 일들을 더 빨리 잘 수행될 수 있도록 해주기 때문이다.

기술은 그 가치를 높이기 위해 실용에 적용되는 것이 중요하다. 처음 신기술을 받아들이고 이를 제품이나 서비스 등의 생산에 성공적으로 적용한 기업들은 새로운 경쟁우위의 원천을 확보할 수 있다. 하지만 기술의 실용적 적용도 경쟁자들이 경쟁을 위해 미래에 반드시 성취해야 하는 새로운 산업표준으로 정착되거나 아니면 새로운 고객기대 수준을 충족시킬 수 있어야 한다.

커뮤니케이션 기술이 발달하면서 소비자들은 시장 환경의 변화에 민감하게 움직인다. 그들은 라이프스타일을 변화시키면서 오래된 제품이나 서비스에 쉽게 싫증을 느끼고 항상 새로운 혁신적 제품이나 서비스만을 찾는다. 그리고 효율적인 평가방법들을 이용하여 신제품의 적합성을 신속하게 평가한다. 국제고객들은 만약 특정 기업이 그들의 니즈를 충족시키지 못하면 곧바로 다른 기업으로 수요를 전환시킨다. 따라서 기업들은 기존 고객을 유지하고 새로운 고객을 개발하기 위해서는 무엇보다도 기술변화에 민감하게 대응해야 한다. 최근 기술 변화의 속도가 너무 빠르기 때문에 기업이 경쟁우위를 창출하기 위해 경영 활동을 어떤 분야에 집중시킬 것인가를 잘 결정해야 한다. 그리고 타이밍도 중요하다. 좋은 예로, 텔레콤 분야의 기업들은 소비자의 수요와 기술의 실용적 적용이 있기 전에 이미 3세대 모바일 폰의 라이센스를 얻기 위해 엄청난 비용을 지불하였다.

12-3 인터넷과 e-비즈니스

The main internet services

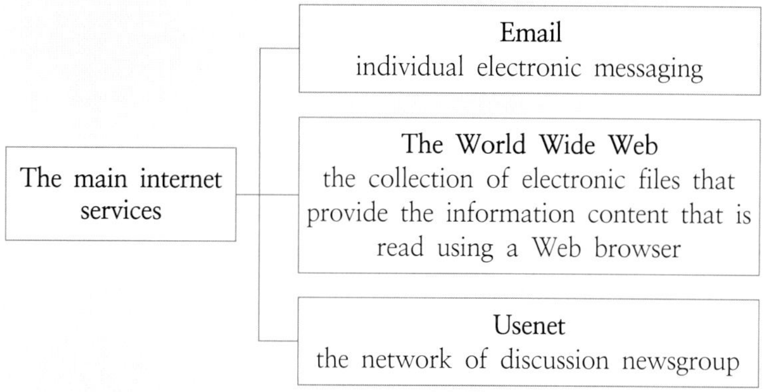

Source: Doole, I. and Lowe, R. (2008) *International Marketing Srategy*, 5th edn. CENGAGE Learning EMEA.

국제마케팅의 진화에 가장 큰 영향을 미친 기술혁신 중 하나는 인터넷이다. 바로 인터넷을 통해 e-비즈니스가 활성화될 수 있었기 때문이다. 1969년 처음 소개된 인터넷은 이제 전 세계 기업과 개인들이 서로 정보를 교류하고 원하는 상품 및 서비스를 사고 팔수 있는 중요한 수단이 되었다. 사실 인터넷은 개인이나 기업이 전 세계와 의사소통할 수 있는 방법 중 가장 효과적이다. 그 이유는 글자 · 이미지 · 소리 · 복합적 데이터 등을 세계 어느 곳이든 즉시 전달할 수 있기 때문이다. 개인사용자들은 Google이나 Yahoo와 같이 강력한 검색엔진을 제공하는 포털(Portal)을 통해 그들이 원하는 정보 · 상품 · 서비스를 어디서든 쉽게 검색하고 구매한다. e-비즈니스와 관련하여 인터넷의 주요 서비스와 역할을 살펴보면 다음과 같다.

해 현지 언어로 된 웹사이트를 제공한다. 일부 사이트는 제품에 관한 정보 제공뿐만 아니라 소비자의 구매과정을 돕기도 한다. 예를 들어, BMW는 웹사이트에서 다양한 옵션의 선택을 통해 소비자가 자신의 신차를 디자인할 수 있도록 도와준다.

■ **온라인 서비스**(Service online)

많은 업체들이 웹사이트를 통해 다양한 형태의 온라인 서비스를 제공한다. 은행의 경우, 소비자들은 온라인 뱅킹을 통해 그들의 계좌를 편리하게 관리할 수 있다. 예를 들면, 웹사이트를 통해 언제 어디서나 정보를 입수하고 은행거래를 할 수 있으며 개인적 은행거래에 따른 비용도 줄일 수도 있다. Federal Express와 같은 택배업체들은 전 세계 온라인 화물 추적 서비스를 제공함으로써 엄청난 인건비를 절감할 수 있었다. 항공사들도 이용객들의 편의를 도모하기 위해 웹사이트를 통해 실시간 온라인 비행정보 제공서비스를 실시하고 있다. Prezi는 온라인 상에서 소비자가 직접 프레젠테이션을 제작하고 발표할 수 있는 서비스를 자신의 웹사이트를 통해 제공한다.

■ **온라인 정보제공**(Information online)

Financial Times와 같은 정보 제공업체들은 소비자들이 뉴스・데이터・이미지 등을 손쉽게 입수할 수 있도록 웹사이트를 제공한다. 이들 정보들은 디지털 형태로 되어 있기 때문에 전 세계 어디든 온라인을 통해 쉽게 이동할 수 있다. 보통 정보 제공업체들은 간단한 정보들은 무료로 제공하지만 정기구독이나 많은 양의 정보에 대해서는 이용료를 부과한다. 방송국과 같은 미디어 기업들도 뉴스나 드라마 등 다양한 프로그램을 웹사이트를 통해 소비자들에게 제공함으로써 고객과의 관계를 구축하고 유지한다.

■ **온라인 상거래**(Business transaction online)

최근 온라인 상거래가 점점 증가하면서 거래가 웹사이트의 주요 목적으로 자리 잡아가고 있다. 비록 웹사이트를 통해 상거래가 이루어지지 않을지라도 웹사이트에서 제공되는 다양한 정보들은 전통적인 상거래를 보다 더 효과적으로 수행할 수 있도록 많은 도움을 준다.

12-5 국제 e-마케팅

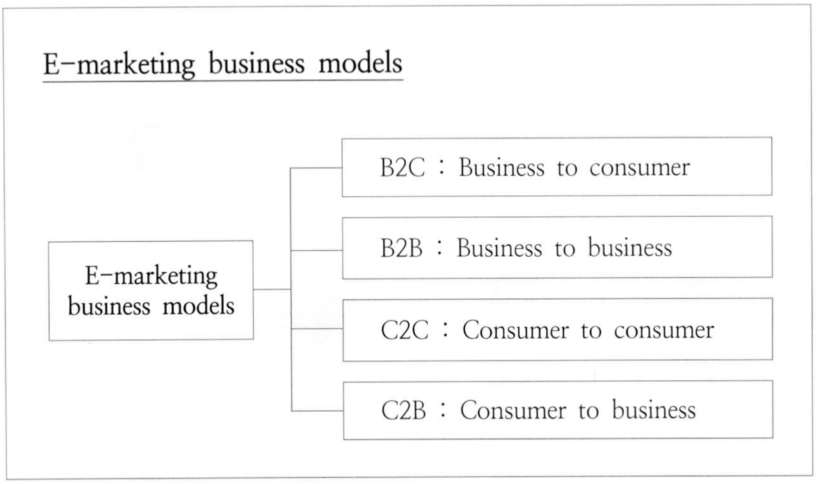

국제 e-마케팅을 위한 비즈니스 모델은 다음과 같이 기업 대 소비자(B2C)·기업 간(B2B)·소비자 대 소비자(C2C)·소비자 대 기업 간(C2B) 등 여러 형태로 구분된다.

■ **기업 대 소비자**(B2C : Business to Consumer)

B2C 상거래의 경우, 소비자들은 기업의 웹사이트에서 구매하고자 하는 상품의 정보를 검색하고, 또 다른 경쟁업체의 사이트나 현지 상점들과 판매조건도 비교한다. 그리고 구매결정을 하고나면 신용카드 등을 이용해 온라인에서 결제까지 가능하다. 따라서 B2C 상거래에서는 기업이 자신의 제품이나 서비스를 가장 잘 마케팅할 수 있는 가상점포로서의 웹사이트를 구축하는 것이 무엇보다 중요하다. 가장 이상적인 웹사이트의 조건은 해외 잠재 고객들이 원하는 언어를 선택할 수 있도록 하고, 동시에 현지 문화나 법규 등을 고려해 웹사이트를 설계하는 것이다.

B2C는 기본적으로는 세계 어디에서든 컴퓨터를 통해 모든 제품 및 서비스를 구매하는 것이 가능하다. 하지만 일부 품목들은 제품 특성상

거래가 곤란한 경우도 있다. 또 음악이나 소프트웨어 등은 인터넷에서 디지털 형태로 바로 구매가 가능하지만, 보통 제품들은 전통적인 유통경로를 통해 배송이 되어야 거래가 완료되기 때문에 거래가 제한되기도 한다. 그리고 기업이 경쟁우위나 독특한 판매입지를 구축하지 못했다면 다른 글로벌 경쟁자들의 가격인하 공세를 당해내기가 어렵다. 그 이유는 소비자들이 가격비교 사이트의 검색을 통해 얼마든지 가격이 저렴한 브랜드의 사이트를 찾아낼 수 있기 때문이다.

■ **기업 간**(B2B : Business to Business)

B2B 상거래는 인터넷 거래에서 가장 큰 비중을 차지하고 있다. B2C의 경우 특정 기준에 따라 미리 가격이 정해진 상품들이 주로 거래된다면, B2B는 훨씬 더 복잡한 거래이다. 그 이유는 거래 중이나 거래 후에도 판매자와 구매자 간에 상당한 양의 정보교환이 필요하기 때문이다. 예를 들면, 제품명세 · 구매계약 · 제조/배송일정 · 재고관리 · 가격협상 · 배송 등 다양한 정보의 교환이 필요하고, 또 이들 정보가 기업 내 각각 다른 부서들로부터 제공되기 때문이다.

기업들은 정보기술(IT)을 이용해 수요예측이나 재고관리 등 내부프로세스의 효율성과 효과를 높이고 있다. 특히 인터넷은 기업이 다른 기업이나 소비자들과 가상공간에서 만나 어떤 제한도 받지 않고 광범위한 데이터의 교류나 거래를 가능하게 만들었는데, 이 장치가 바로 웹포털(Web portal)이고 모든 참여자들을 한 곳으로 모으는 허브(Hubs)이다. 허브는 자동차나 항공제조업 등과 같은 산업특유 허브(Industrial-specific hubs)와 광고나 인사관리와 같은 기능특유 허브(Function-specific hubs)로 구분할 수 있다. 기업은 e-허브를 활용함으로써 거래 절차의 효율성을 높이고 비용을 줄일 수 있다. e-허브는 소규모 구매자나 개인 대신 대량구매를 통해 할인 협상을 원하는 수많은 바이어들을 유인한다. 그리고 기업들은 B2B 내에서의 글로벌 소싱이나 공급사슬관리와 같은 지속적인 기술혁신을 통해 비용을 절감하면서 상거래의 효율성을 높이고 있다.

■ **소비자 대 소비자**(C2C : Consumer to Consumer)

C2C는 온라인 옥션을 통해 소비자들이 개인 소장품 등 온갖 상품들을 서로 거래하는 형태의 비즈니스 모델이다. 대표적인 온라인 경매 사이트인 eBay에서는 지금도 가상 경매를 통해 수많은 개인 간 거래들이 이루어지고 있다. 심지어 가상 경매가 소비자들에게 거의 취미활동이 될 정도로 폭발적 인기를 얻고 있다. 온라인 옥션은 골동품이나 미술품과 같은 예술 분야까지도 확대되고 있다.

■ **소비자 대 기업**(C2B : Consumer to Business)

C2B는 B2C와 달리 소비자에서 기업으로 연결되는 상거래로 역경매 사이트가 대표적이다. C2B를 통해 소비자들은 자신이 원하는 상품 정보 등을 기업에게 제공해서 새로운 제품과 서비스를 제공받을 수 있다. 예를 들어, 대량구매를 통한 가격 인하를 목적으로 소비자들이 서로 모여 공동구매를 하기도 한다. 더나가 소비자들은 자신이 만든 콘텐츠나 아이디어를 기업에 판매하기도 한다. 최근 C2B는 인터넷뿐만 아니라 Facebook과 Twitter와 같은 SNS(Social Network Service)와 Groupon이나 Coupang과 같은 소셜커머스 사이트의 등장으로 더욱 활성화되고 있다. Ford와 같은 자동차회사들도 소셜커머스를 이용해 소비자의 공동구매에 적극 대응하기도 한다.

12-6 e-비즈니스가 국제마케팅에 미친 영향

The impact of e-business on international marketing

Disintermediation	Disintermediation refers to cutting out the middleman. The benefits of disintermediation to the organization are the removal of channel infrastructure costs and intermediary margins and the opportunity to develop a direct relationship with the final customer
Reintermediation	The counter change to disintermediation is reintermediation and the creation of new firms to provide the purchasing advice in a different form such websites as *Uswitch* and *about*
Social Network Service	Social networking has always been a feature of the Internet. It focus on what is happening in a person's life and on the web. Social Network Service, such as Facebook, provides a platform for one billion of consumers to post their thinks and has an effect on social commerce

Source: Adapted from Doole, I. and Lowe, R. (2008) *International Marketing Srategy*, 5th edn. CENGAGE Learning EMEA.

e-비즈니스는 다양한 측면에서 국제마케팅의 변화에 중대한 영향을 미치고 있다. 특히 중간유통 없이 소비자와의 직접거래가 가능하거나 SNS를 통한 상거래가 지속적으로 활성화되고 있는 것은 e-비즈니스가 몰고 온 국제마케팅에서의 대표적인 변화들이다.

최근 SNS의 괄목할만한 성장에 발맞춰 소셜커머스가 더욱 탄력을 받고 있다. Facebook은 자신의 페이지에 e-commerce를 적용함으로써, 계정을 가진 이용자들이 온라인 상점을 개점해 비즈니스를 할 수 있도록 하는 F-commerce 서비스를 제공하고 있다. Facebook 내 입점 쇼핑몰이 주목받는 이유는 엄청난 수의 잠재고객들 때문이다. 이미 P&G · BEST BUY · Starbucks · Delta 등과 같은 대기업들이 F-commerce를 활용하고 있다.

12-7 인터넷과 국제마케팅전략

The impact of technology on international marketing strategy

The impact on analysis	Much of the data that must be gathered from around the world can be more effectively collected, managed and communicated through integrated Web-based systems
The impact on international strategy development	Firms using e-marketing as a key element of their strategy are prioritizing customers that are part of a segment that receive online and mobile communications are part of the social networking community and are willing and able to do business over the Internet
The impact on strategy implementation and control	Technology affects strategy implementation, such as product management, pricing, channel management and communications. Firms use Internet and systems to control the supporting operations to ensure quality and efficiency of the manufacturing, distribution operations and measure the effectiveness of the marketing processes and programmes

Source: Adapted from Doole, I. and Lowe, R. (2008) *International Marketing Srategy*, 5th edn. CENGAGE Learning EMEA.

혁신적 기술은 국제마케팅전략에 상당한 영향을 미칠 뿐만 아니라 모든 전략적 관리과정을 효율적으로 지원한다. 여기에서는 주로 인터넷을 중심으로 기술이 국제마케팅전략에 미친 영향을 전략적 관리과정에 따라 분석 · 전략 개발 · 전략 실행 및 통제 순으로 살펴보고자 한다.

■ 분석에 미친 영향

인터넷을 포함한 디지털혁신은 전통적 시장조사방법보다 훨씬 신속하고 효율적인 자료수집 및 분석을 가능케 하였다. 기업은 인터넷을 통해 전 세계로부터 제품과 관련된 일반적인 정보뿐만 아니라 소비자행동의 직·간접 지표와 같이 프로모션 및 제품 개발에 활용할 수 있는 다양한 정보까지 제공받는다. 그리고 검색엔진과 전문가의 분석을 제공하는 사이트들을 활용해 경쟁업체의 신제품뿐만 아니라 전 세계의 정치·경제·법적 변화를 탐지할 수 있다. 국제마케팅관리자는 이렇게 수집된 다양한 빅 데이터를 웹기반으로 통합된 마케팅정보시스템을 이용하여 효과적으로 관리 및 통제할 수 있다. 최근에는 SNS를 통해 상품 및 서비스에 대한 소비자의 피드백 정보를 실시간 수집함으로써 급변하는 소비자의 니즈와 욕구를 보다 효율적이고 효과적으로 추적할 수 있게 되었다.

■ 국제전략 개발에 미친 영향

국제전략 개발은 적절한 해외시장 및 진입방식의 선택과 관련되어 있다. 일부 기업들의 경우에는 국제마케팅전략이 인터넷과 불가피하게 연계된다. 예를 들면, IBM이나 Microsoft와 같은 기업들은 사업 성격상 인터넷을 사용하지 않을 수 없고, Expedia나 Dell과 같은 기업들도 인터넷이 시장경로 역할을 하기 때문에 국제마케팅전략을 인터넷에 연계하지 않을 수 없다. 그리고 전략의 주요 요소로 e-마케팅을 활용하는 기업들은 소셜네트워킹을 위해 온라인과 모바일 커뮤니케이션을 사용하는 세분시장 고객들을 목표시장으로 설정한 후 인터넷상에서 거래를 수행한다. 이들 기업들은 공급업체의 선정도 같은 방식으로 세분화한다. 그 이유는 효과적인 e-비즈니스를 하는 공급업체와의 거래를 통해 거래비용을 절감할 수 있기 때문이다.

기업은 웹사이트를 통해 전 세계 어디든 접근할 수 있다. 하지만 많은 기업들이 언어나 법적 규제 등의 장벽이 없는 시장을 선택하고 그 곳에 집중하려고 한다. 이런 측면에서 인터넷은 글로벌 틈새시장에 적합한 시장진입방식을 제공한다. 또 인터넷은 글로벌 커뮤니케이션을 기반으로 진입이 까다로운 시장에 안전하게 진입할 수 있도록 도움을 준다. 더나가 기업은 인터넷의 온라인 배송시스템을 통해 수요가 제한된 시장까지도 수익을 내며 상대할 수 있다. 대표적인 성공사례로 온라인 여행 사이트인 Expedia를 들 수 있다. 아직까지는 전자상거래가 기업 웹사이트의 접근이 원활한 특정 초국가시장에 제한되어 있지만 초고속 인터넷의 지속적인 발전으로 향후 거래량이 더욱 확대될 전망이다.

■ 전략 실행과 통제에 미친 영향

□ 제품 및 서비스관리

인터넷을 비롯한 기술혁신은 새로운 제품 및 서비스의 개발에 대한 세계적인 기여를 촉진시켰다. 이러한 과정을 통해 기술은 부품의 표준화와 세계적인 제품 플랫폼(Platform)의 개발을 지속적으로 지원하였다. 예를 들어, VW(Volkswagen)이나 Whirlpool과 같은 기업들은 공동 플랫폼을 사용해 표준화된 제품을 만들었고, 필요한 경우에만 제품을 약간 적응하였다. 또 한편으로 기술은 기업이 일대일 마케팅뿐만 아니라 개인적 제품 및 서비스의 주문 확대에도 대응할 수 있도록 기여하였다.

□ 가격

기술은 공급망의 효율성과 규모의 경제 외에도 가격투명성(Price transparency)을 통해 비용과 가격인하를 주도하였다. 가격이 투명해질 수 있는 것은 소비자와 다른 이해관계자들이 다양한 웹사이트의 정보 검색을 통해 글로벌 경쟁업체들이 제시하는 공급가를 쉽게 비교할 수 있기 때문이다. B2C시장에서 Expedia나 Kelkoo와 같은 사이트들과 B2B에서 e-허브 기능은 소비자들이 한 사이트에서 여러 가격들을 한 번에 비교할 수 있는 기회를 제공한다. 웹 탐색(Web search)의 복잡성이나 유용성은 Google과 Microsoft와 같은 기업들의 경쟁이 치열해지면서 지속적으로 향상되고 있다.

가격투명성은 성숙기의 제품을 주로 가격경쟁에 의존하는 일상재로 밀어붙이는 효과를 가지고 있다. 경쟁이 심할 때 가격투명성은 가격인하를 더욱 부추기고, 결국 공급업체들이 비용 절감을 통해 대응할 수밖에 없도록 만든다. 여기에 대한 기업들의 대안으로 신제품 및 서비스 개발, 부가서비스 추가, 충성고객 보상계획 등이 있다. 하지만 이들 전략은 고객들이 그 가치를 인정하고 일상재보다 나은 추가적 혜택을 받을 수 있다고 인지할 때만 효과가 있다. 따라서 기업이 가격투명성에 효과적으로 대응하기 위한 대안으로 가격의 개인적 차별화를 고려해볼 수도 있다. 이것 또한 기술에 의해 가능하기 때문이다.

□ **유통경로**

e-마케팅은 공급업체와 소비자 간의 직접거래를 가능케 함으로써 중간유통의 생략에 중대한 역할을 하였다. 이제 공급업체들은 과거에 현지 중간상들이 담당했던 수천 건의 소규모 거래들을 효율적으로 관리할 수 있게 되었다. 이것이 가능한 이유는 e-마케팅이 거래비용의 인하뿐만 아니라, 재고관리 · 로지스틱스 · 주문처리 · 지불 · 아웃소싱 등의 효율적 관리를 지원해주기 때문이다. 하지만 유통경로 내에 중간상을 유지하고 있는 기업들도 기술을 통해 시장정보 공유 등 긴밀한 협력을 유지할 수 있고, 또 중간상에 대한 일일 점검이 용이해짐으로써 유통경로에 대한 통제를 더욱 강화할 수 있게 되었다.

□ **커뮤니케이션**

e-마케팅 커뮤니케이션의 주요 특징은 일대일 커뮤니케이션을 기반으로 하되 쌍방향 커뮤니케이션이 가능하다는 점이다. 그래서 e-마케팅은 오늘날 적극적이고 활동적인 소비자들을 상대하는 데 효과적인 전략수단이라고 할 수 있다. 웹사이트는 그 매력도나 기능성이 성공을 위한 주요 열쇠이지만, 소비자의 구매가 용이하도록 만들어져야 한다. 이를 위해 웹사이트는 기업 중심의 내성적(Introvert)인 것보다는 주요 소비자집단들의 의견을 반영하는 외향적(Extrovert) 형태로 설계될 필요가 있다.

웹사이트를 통한 마케팅은 역행적이다. 그 이유는 잠재 고객들이 자발적으로 검색을 통해 사이트를 찾는 경우가 대부분이기 때문이다. 그래서 e-마케팅은 사이트의 검색순위를 높이는 것이 중요하다. 이 때 구전마케팅이 중요한 역할을 한다. 하지만 평범한 사업에서는 단순히 웹사이트 구축만으로 큰 시장을 확보하기가 어렵다. 기업이 먼저 마케팅하고 전통적인 매체를 이용해 브랜드와 사이트를 알릴 필요가 있다. e-마케팅 커뮤니케이션의 성공을 위해 가장 중요한 것은 적절한 e-기반 유통경로를 활용하여 적절한 위치에서 적절한 시간에 적절한 사람에게 올바른 메시지를 전달하는 것이다.

□ 평가 및 통제

기업은 인터넷을 비롯한 혁신적 기술을 통해 세계 도처에서 발생한 다양한 자료들을 손쉽게 수집할 뿐만 아니라 이들을 효과적으로 관리 및 평가할 수 있다. 예를 들어, 전사적 자원관리(ERP : Enterprise resource planning) 소프트웨어를 활용해 생산·판매·인사·회계·재무 등 다양한 운영시스템을 하나의 통합시스템으로 재구축함으로써 기업자원의 사용을 효과적으로 통제하고 운영의 효율성을 높일 수 있게 되었다. ERP 패키지는 데이터를 어느 한 시스템에서 입력하면 전체로 자동 연결되어 별도의 인터페이스(Interface)를 처리할 필요 없이 통합운영이 가능한 시스템이다.

기업은 이러한 통합 운영통제시스템의 활용을 통해 생산 및 유통의 질과 효율성을 높일 뿐만 아니라 마케팅 프로그램과 실행과정의 유효성도 쉽게 평가할 수 있게 되었다. 운영통제시스템은 IT와 시스템에 의한 기술 지원 덕분에 국제적 운영에도 쉽게 적용할 수 있다. 더나가 이러한 혁신적 기술은 기업이 학습조직으로 발전하는데 크게 기여하였다.

제13장

국제마케팅 평가와 통제

13-1 평가와 통제의 의의

13-2 전략 평가

13-3 전략적 옵션의 평가

13-4 국제마케팅 평가모델: BCG 매트릭스

13-5 국제마케팅 평가모델: GE/McKinsey 매트릭스

13-6 국제마케팅 평가모델: ADL 매트릭스

13-7 전략 실행의 장벽

13-8 통제시스템의 과정 및 역할

13-9 국제마케팅 통제의 영향요인

13-1 평가와 통제의 의의

급변하는 경영환경 속에서 기업이 국제마케팅과 관련된 수많은 의사결정을 할 때마다 오류를 범할 가능성이 크다. 실제로 많은 기업들이 국제마케팅 계획을 수립하고 실행하는 과정에서 예기치 않은 위험 상황에 직면한다. 하지만 국제마케팅관리자가 이러한 위험들을 완벽하게 제거할 수 있는 방법은 없다. 다만 전략 실행 과정에서 정확한 평가(Evaluation)와 철저한 통제(Control) 만이 그 위험들을 어느 정도 줄일 수 있을 뿐이다. 따라서 국제마케팅관리자는 전략의 평가와 통제에 관한 방법들을 충분히 이해하고 있어야 한다.

국제마케팅 평가와 통제란 기업이 경영목표를 최대한 달성하기 위해 국제마케팅의 목표 · 계획 · 실행을 철저히 점검하고, 각 부문의 활동을 합리적으로 조정하는 과정을 의미한다. 다시 말해, 기업이 바라는 성과와 실제 성과 간의 간격을 줄이기 위한 조정 과정이라고 할 수 있다. 따라서 시장 조건이 다양하고 경영 환경이 이질적인 국제시장에서 전략적 목표와 성과 간의 차이를 지속적으로 측정하기 위해 기업들은 자신의 국제마케팅 활동에 대한 평가 및 통제시스템을 구축하고 있어야 한다. 이러한 국제마케팅 통제시스템은 기업의 특정 마케팅전략에 대한 적합성 평가와 전략의 올바른 실행에 크게 기여할 것이다.

13-2 전략 평가

Strategic process and evaluation

Where are we now? (Audit)
⇩
Where do we want to be? (Objectives)
⇩
How might we get there? (Strategic options)
⇩
How do we ensure arrival? (Choice and control)

Source: Fifield P. & Lewis K. (2000) *International Marketing Strategy*, Butterworth-Heinemann.

국제마케팅전략에 대한 평가는 전략 실행을 통한 마케팅 목표의 기대치나 또는 달성 가능 정도를 평가하는 것이다. 국제마케팅전략의 목표를 살펴보기 위해 먼저 제1장 국제마케팅전략 프로세스에서 언급된 해외시장 잠재력에 대한 정보와 기업 목표를 되새겨 볼 필요가 있다. 기업이 확고하고 실천적인 국제마케팅전략을 개발하기 위해서는 무엇보다 기업 목표를 간결하고 명확하며 이해하기 쉽게 정의하는 것이 중요하다. 이와 같이 목표 설정을 간결하게 함으로써 국제마케팅전략의 평가도 상대적으로 간단한 작업이 된다. 평가는 기업의 전략 과정에 따라 다음과 같이 네 단계로 연결된다.

■ **1단계(Audit)**

기업의 현재 상태를 감사하는 단계이다.

■ 2단계(Objectives)

기업의 미래를 위한 국제마케팅 목표들을 간결하고 명확하게 설정하는 단계이다.

■ 3단계(Strategic options)

국제마케팅 목표들을 성공적으로 달성하기 위해 필요한 다양한 경로, 즉 전략적 옵션들을 평가하는 단계이다. 실제로 전략적 옵션에 대한 평가는 결코 간단한 문제가 아니기 때문에 이 부문에 대해서는 다음 절에서 자세히 살펴보고자 한다.

■ 4단계(Choice and control)

전략의 선택과 통제시스템에 관한 단계이다. 이 단계에서는 기업이 여러 가지 전략적 대안들 가운데 최적의 전략을 어떻게 선택하고, 또 전략의 실행을 어떻게 통제할 것인가에 초점을 맞춘다.[1)]

---

1) Fifield P. & Lewis K. (2000) *International Marketing Strategy*, Butterworth-Heinemann.

13-3 전략적 옵션의 평가

Evaluation of strategic options

Financial measures	Non-financial measures
▫ Profit ▫ Profitability ▫ Stockholder return ▫ Cash flow/liquidity ▫ Stock price ▫ Earnings per stock ▫ Return on net assets ▫ Return on sales	▫ Market share ▫ Growth ▫ Competitive advantage ▫ Competitive position ▫ Sales volume ▫ Market penetration levels ▫ New product development ▫ Customer satisfaction ▫ Image and awareness levels

앞에서 언급한 바와 같이, 전략적 옵션을 평가하는 일은 간단하지 않다. 그 이유는 어떠한 경쟁 환경 속에서도 우수한 절대적 전략적 옵션이 따로 존재하지 않기 때문이다. 전략적 옵션에 대한 평가는 기업의 목표와 관련해 이루어지며, 보통 재무적 평가나 비재무적 평가와 같이 다양한 기업 내·외부적 변수들을 평가한다.[2]

■ **재무적 평가**(Financial measures)

일반적으로 국제마케팅전략의 평가에 이용되는 재무적 변수들은 다음과 같다.

□ 수익(Profit)
□ 수익성(Profitability)

2) *Ibid*.

□ 주주수익률(Stockholder return)
□ 현금흐름 및 유동성(Cash flow/liquidity)
□ 주식가격(Stock price)
□ 주식배당소득(Earnings per stock)
□ 순자산수익률(Return on net assets)
□ 판매수익률(Return on sales)

■ **비재무적 평가**(Non-financial measures)

비재무적 성과는 기업 내부의 성과보다 외부적인 것을 평가하는 경향이 강하다. 해외시장에서 외부적 성과 변수들은 시장에 따라 다양하기 때문에 표적시장과 기업국제화 정도에 따라 적절한 변수들을 골라서 평가할 필요가 있다. 외부적 성과변수들은 다음과 같다.

□ 시장점유율(Market share)
□ 성장률(Growth)
□ 경쟁우위(Competitive advantage)
□ 경쟁지위(Competitive position)
□ 판매량(Sales volume)
□ 시장침투수준(Market penetration levels)
□ 신제품개발(New product development)
□ 고객만족(Customer satisfaction)
□ 기업이미지와 인지도(Image and awareness levels)

■ **단기 대 장기**(Short versus long term)

한편 전략적 옵션에 대한 평가는 전략 또는 목표의 시간적 개념을 고려할 필요가 있다. 전략이란 기업이 시장의 욕구에 부응하면서 사업목적을 달성하기 위해 자신의 제한된 자원을 배분하는 과정이다. 따라서 전략은 단기적 활동이 될 수 없다. 그런데도 마케팅관리자들이 다른 경영분야들처럼 단독으로 단기에 마케팅을 추진하려는 경우가 많다. 단기지향적인 전략은 비효율적일 뿐만 아니라 자칫 기업에게 위험이 될 수도 있다.

그러나 기업은 오늘 생존하기 위해 일정한 영업·수익·현금의 흐름을 필요로 한다. 그래야 내일을 기약할 수 있기 때문이다. 단기와 장기적이라는 개념은 산업과 표적시장의 성격에 따라 달라진다. 마케팅과 관련된 의사결정들은 대부분 정답이 없다. 그래서 단기 지향적인 전략을 반드시 잘못된 것이라고 비난만 할 수는 없다. 그 이유는 지금 당장 수익이 없으면 장기적인 전망도 할 수 없기 때문이다. 따라서 국제마케팅관리자는 단기와 장기의 개념을 잘 구분해 마케팅목표를 수립할 필요가 있다.

13-4 국제마케팅 평가모델: BCG 매트릭스

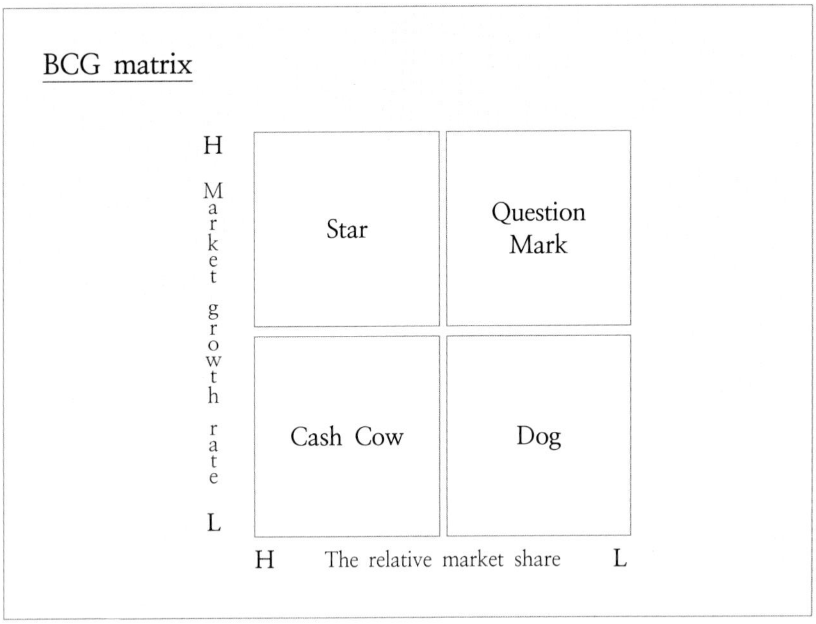

BCG 매트릭스와 같은 포트폴리오 관리모델은 하나의 그림을 통해 기업의 포트폴리오와 각 사업의 경쟁적 지위를 간단하게 분석할 수 있다는 장점을 지니고 있다. 뿐만 아니라 분석 대상을 사업·제품·국가·유통채널 등으로 유연하게 적용할 수 있기 때문에 국제마케팅에서 전략적 옵션의 평가 방법으로 활용할 수 있다.

Boston Consulting Group이 개발한 BCG 매트릭스는 가장 간단하면서도 보편적인 포트폴리오 분석기법이다. BCG 매트릭스는 시장성장률과 시장점유율의 상대적 크기를 기준으로 각 전략적 사업단위 또는 제품 등의 위치와 매력도를 파악한다. 기업은 자신의 상대적 시장점유율을 기준으로 수익 규모나 경쟁적 지위를 평가할 수 있고, 시장성장률을 기준으로 미래 비용의 크기를 예측할 수 있다. 이처럼 수익과 비용을 측정할 수 있는 두 변수를 이용하여 전략적 사업 단위를 다음과 같이 네 가지

유형으로 구분한다.[3)]

■ **현금 젖소**(Cash Cow)

비교적 높은 시장점유율로 인해 안정적인 현금흐름을 창출하고 있지만 산업성장률이 낮아 수요가 정체되고 시장의 매력도가 떨어진다. 따라서 성장 사업에 자금을 공급하는 역할을 한다.

■ **물음표**(Question Mark)

미래 성장 가능성이 있지만 낮은 시장점유율로 인해 수익성이 떨어지기 때문에 성장을 뒷받침할 자금유입이 필요하다.

■ **별**(Star)

높은 시장점유율로 인해 수익성이 높고 성장 가능성이 크기 때문에 매력적인 사업에 해당된다. 성장을 지속시키기 위한 자금 투자가 필요하지만 높은 수익성으로 인해 현금흐름이 균형을 유지한다.

■ **개**(Dog)

기업의 수익성과 시장의 매력도가 떨어지는 한계 사업으로 철수 대상이다.

3) 김길성 (2009), 「경영전략」, 전남대학교출판부.

13-5 국제마케팅 평가모델: GE/McKinsey 매트릭스

GE/McKinsey matrix

Market attractIveness \ Business position-strength	H	M	L
H	Invest	Invest	Protect
M	Invest	Protect	Harvest
L	Protect	Harvest	Divest

GE/McKinsey 매트릭스는 시장 또는 산업의 매력도와 시장에서의 경쟁적 지위라는 두 변수를 이용하여 사업이나 제품 등을 평가하는데, 이들 두 변수는 다양한 세부 변수들을 포괄하고 있다. 먼저 시장매력도는 시장 규모 · 시장성장률 · 산업수익률 · 경기변동에 대한 민감성 · 자본집약도 · 경쟁 강도 · 인플레이션 가능성 · 기술 수준 · 정부 규제 등의 환경적 기회 및 위협 요인들을 포함한다. 경쟁적 지위는 시장점유율 · 상대적 수익률 · 생산성 · 가격경쟁력 · 시장 지식 · 기술력 · 경영 능력 등과 같은 기업의 강점 및 약점 요인들을 포괄한다.

GE/McKinsey 매트릭스는 시장매력도와 기업의 경쟁적 지위를 고려하여 각 평가 단위의 위치를 파악한 후 자원 배분의 우선순위를 다음과 같이 결정한다.

■ 높은 시장매력도와 높은 경쟁력

기업의 성장을 위해 과감한 투자가 필요하기 때문에 경영 자원을 우선적으로 배분한다.

■ 낮은 시장매력도와 낮은 경쟁력

철수 대상으로 자원 배분을 중단한다.

■ 기타 수준의 시장매력도와 경쟁력

선택적 투자나 유지 또는 수확을 통해 소득을 관리한다.

13-6 국제마케팅 평가모델: ADL 매트릭스

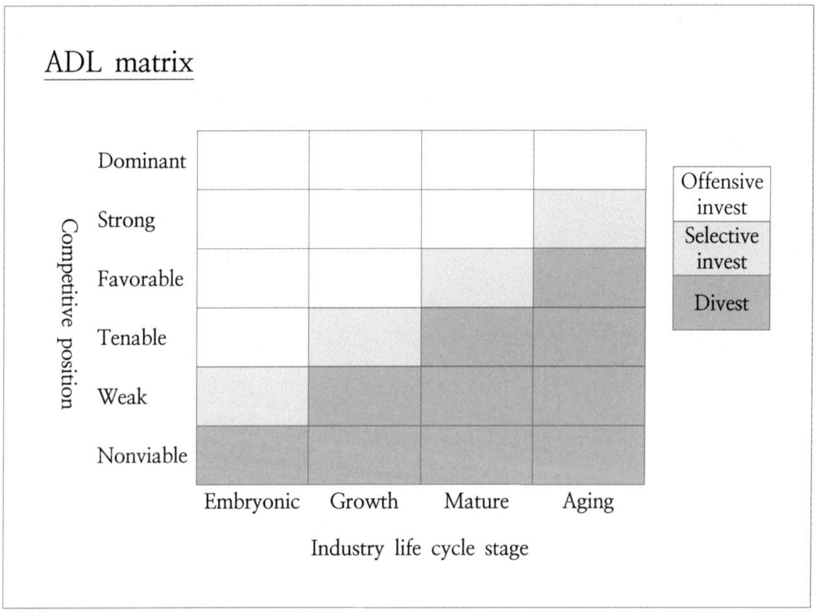

전략자문회사인 Arthur D. Little, Inc.는 기업의 경쟁적 위치와 시장의 성숙도 및 수명주기단계의 두 변수를 이용하여 ADL 매트릭스(수명주기 포트폴리오 매트릭스)를 개발하였다. 시장의 수명주기는 도입기 · 성장기 · 성숙기 · 쇠퇴기의 네 단계로 구분하며, 기업의 경쟁적 위치는 지배적 위치 · 강력한 위치 · 양호한 위치 · 방어가능 위치 · 약한 위치 · 생존불능 위치 등 여섯 단계로 구분한다.

수명주기 포트폴리오 매트릭스에서는 두 변수를 기준으로 크게 세 영역으로 구분한 후, 다음과 같이 각 영역에 적절한 투자전략을 제시한다.

■ 공격적 투자

산업 등 평가요소가 수명주기의 전반부에 속하고 기업의 경쟁적 위치가 지배적 위치로 올라갈수록 기업이 적극적이고 공격적인 투자전략을 실행할 수 있다.

■ 철수

시장이나 제품의 수명주기가 후반부에 속하고 기업의 경쟁적 위치가 생존불능의 위치로 내려갈수록 기업들은 철수전략을 선택하는 것이 좋다.

■ 선택적 투자

기업의 경쟁적 위치와 수명주기 단계가 중간 영역에 속하는 경우에는 기업이 시장 상황에 따라 투자를 선택적으로 하는 것이 바람직하다. 예를 들어, 시장이나 제품 등의 수명주기가 전반부에 속하고 기업의 경쟁적 위치가 낮을 때는 선별적 투자를 고려하고, 수명주기가 후반부에 속하면서 기업의 경쟁적 위치가 높을 때는 틈새시장 개발이나 현상 유지 또는 수확전략 가운데 하나를 선택하는 것이 적합하다고 할 수 있다.

13-7 전략 실행의 장벽

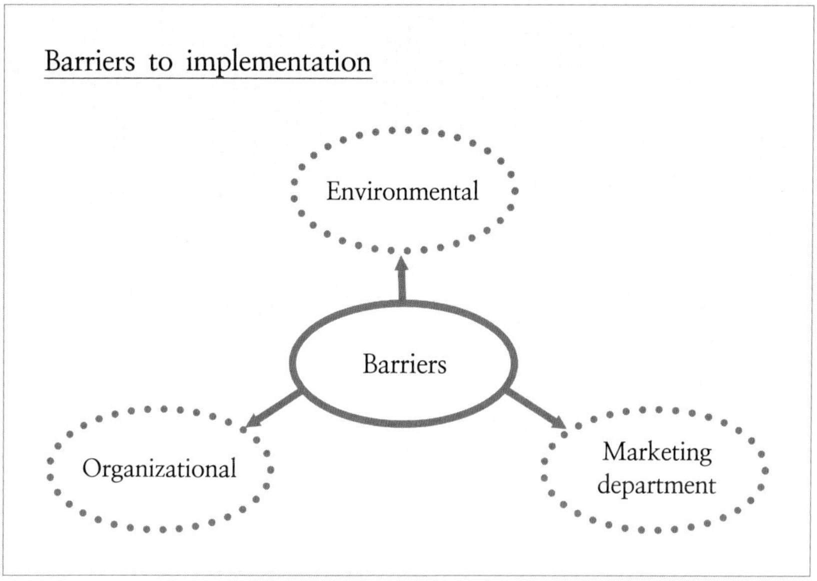

통제의 주요 역할은 국제마케팅전략이 잘 실행될 수 있도록 평가에서 차이를 보인 각 부문의 활동들을 조정하는데 있다. 국제마케팅에서 성공 비결은 실행력이다. 하지만 국제마케팅전략의 실행을 방해하는 장벽들이 의외로 많다. 다양한 형태를 띠고 있는 장벽들을 다음과 같이 크게 세 범주로 분류할 수 있다.[4]

■ **환경 장벽**(Environmental barriers)

환경 장벽은 기업외적 장벽으로 정치 · 법규 · 경제 · 사회 · 문화 · 기술 등과 관련이 있다. 예를 들면, 수출에 대한 정부 규제, 제품 및 촉진 등을 규제하는 다양한 법규, 해외시장에서의 경제적 활동 수준의 차이 등과 같이 기업의 국제경영에 불리하게 작용하는 외적 요인들이 환경 장벽에 포함된다.

4) Fifield P. & Lewis K., *op. cit*.

■ **기업 장벽**(Organizational barriers)

기업 장벽은 리더십이나 기업문화 및 자원 등과 같이 기업이 본래부터 가지고 있던 고유의 내적 요인으로부터 발생된다. 예를 들면, 국내시장 지향적 조직구조, 국제화경험 부족, 최고경영자의 국제경영의지 결여 등을 들 수 있다.

■ **마케팅부서 장벽**(Marketing department barriers)

마케팅부서 장벽은 국제마케팅전략의 실행을 가장 방해하는 장벽이다. 만약 마케팅부서가 국내시장과 판매에만 초점을 맞추고 있다면 처음부터 기업 국제화의 가능성은 거의 찾아볼 수 없게 될 것이다.

13-8 통제시스템의 과정 및 역할

The control process

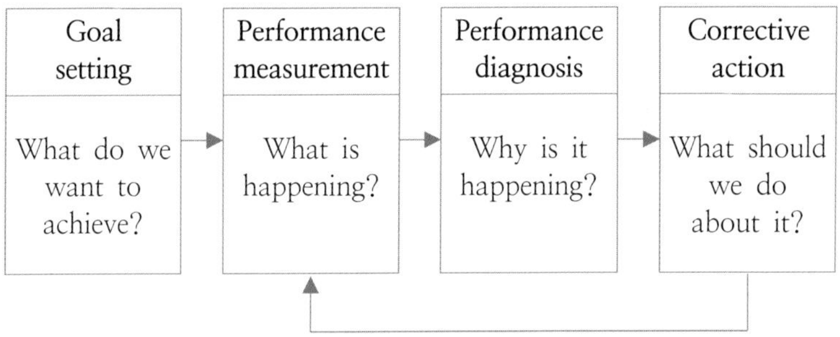

Source: Fifield P. & Lewis K. (2000) *International Marketing Strategy*, Butterworth-Heinemann.

기업이 급격한 환경 변화 속에서 국제마케팅 계획을 효과적으로 실행하고 기업의 전사적 공동 목표를 성공적으로 달성하기 위해서는 반드시 통제시스템의 구축이 필요하다. 국제마케팅 통제시스템은 다양한 형태를 띠고 있으며, 적절한 통제 방법의 선택은 기업이 목표로 하는 국제시장의 성격과 환경에 따라 달라진다. 통제 과정이 어떤 형태로 구성되든 통제시스템이 수행해야 할 주요 역할들은 다음과 같다.[5)]

■ **기준 설정**(Setting standards)

기준 설정이란 기업의 국제마케팅 활동 절차와 목적 및 목표에 관한 평가계획을 수립하는 것을 말한다. 만약 국제마케팅 활동이 설정된 기준과 목표에 맞게 이루어진다면 국제마케팅전략이 성공적으로 실행되는 것이라고 할 수 있다. 성과의 기준은 다음과 같이 단순한 조건들로 설정된다.

5) *Ibid*.

□ **양적 기준**(Quantity)

현재 달성된 양과 앞으로 달성해야할 양을 의미한다.

□ **질적 기준**(Quality)

달성 상태가 내용 면에서 얼마나 우수한 가를 의미한다.

□ **비용**(Cost)

목표 달성을 위해 계획한 비용과 실제 소요된 비용을 포함한다.

■ **성과 측정**(Performance measurement)

사전에 설정된 기준과의 성과 차이는 보통 다음과 같은 절차를 통해 기업 내에서 밝혀낼 수 있다.

□ **정기 감사**(Regular auditing)

정기 감사는 기업의 재무 및 마케팅 활동에 대한 감사를 의미한다.

□ **예산**(Budgeting)

여기에서 예산이란 자금유입과 유출 간의 차이를 발견하고 분류하는 것을 의미한다.

□ **차이 분석**(Variance analysis)

차이란 기업이 기대하는 성과와 실제 결과 간의 차이로, 예산 수립 과정과 경영 활동 결과를 상세히 분석함으로써 측정이 가능하다.

■ **성과 진단**(Performance diagnosis)

성과 진단이란 성과 차이의 원인을 규명하는 것이다. 일단 통제시스템이 구축되고 나면 국제마케팅 계획을 실행하는 단계에서 목표와 측정 결과 간의 차이가 가장 먼저 눈에 띄게 된다. 이 때 국제마케팅관리자는 몇 개의 해외시장에서 조정이 필요한가를 결정한다. 만약 조정이 필요하다면, 국제마케팅 계획을 다시 목표에 맞추기 위해 조정을 어떻게 할 것인가를 결정해야 한다. 조정의 선택은 대부분 성과 차이의 원인에 따라 달라진다. 따라서 국제마케팅관리자는 반드시 차이 발생의 원인을 명확히 규명할 필요가 있다. 원인 규명을 위한 평가나 통제 과정의 실행에서 주로 벤치마킹이나 균형성과표와 같은 모델들이 이용된다.

□ **벤치마킹**(Benchmarking)

벤치마킹은 특정 기업과의 비교 분석을 통해 자신의 역량을 정확히 평가하고, 이를 더욱 향상시키기 위해 지속적으로 학습과 개선을 도모하는 경영기법이다. 일반적으로 다음과 같은 다섯 단계의 과정을 통해 이루어진다.[6)]

▷1단계 : 벤치마킹할 주요 비즈니스 프로세스 결정
▷2단계 : 벤치마킹 대상 기업 선정 후 예비조사 실시
▷3단계 : 기업 방문 후 비즈니스 프로세스 및 경영성과 비교
▷4단계 : 성과 차이의 원인 분석
▷5단계 : 새로운 학습이나 혁신을 활용하여 자사의 문제점을 지속적으로 개선

□ **균형성과표**(BSC : Balanced Scorecard)

균형성과표란 기업이 비전과 목표의 달성을 위해 수행해야 할 주요 활동들을 각 사업 부문과 개인별로 측정 가능한 성과 지표로 전환해 측정함으로써 전략적 실행을 최적화하고자 하는 경영관리 기법이다. BSC는 전통적인 재무제표뿐 아니라 고객·내부프로세스·학습 및 성장과 같은 비재무적인 분야까지 지표들을 선정·평가한 후 각 지표별로 가중치를 적용해 측정한다.

6) 김길성, 전게서.

각 분야의 대표적인 지표들은 다음과 같다.

▷재무 지표 : 자본수익률, 유동자금 증가 등
▷고객 지표 : 브랜드이미지 향상, 고객 불만 감소 등
▷내부프로세스 지표 : 혁신프로세스 가속화, 물류시스템 단순화 등
▷학습 및 성장 지표 : 인재관리시스템 도입, 경영자의 전략 학습 등

경영자는 위와 같은 측정 지표들을 통해 전략 실행에 필요한 핵심 활동들을 조직 구성원들에게 명확히 전달하고 관리함으로써 전략의 실행 여부를 점검할 수 있다.

BSC는 Harvard Business School의 Robert Kaplan과 경영컨설턴트인 David Norton이 공동으로 1992년에 개발하였으며, 재무 외 비재무적 성과의 측정뿐만 아니라 성과의 동인을 찾아내 관리한다는 점에서 ROI(Return on investment) 등의 순수 재무 지표들과 차별화된다.

13-9 국제마케팅 통제의 영향요인

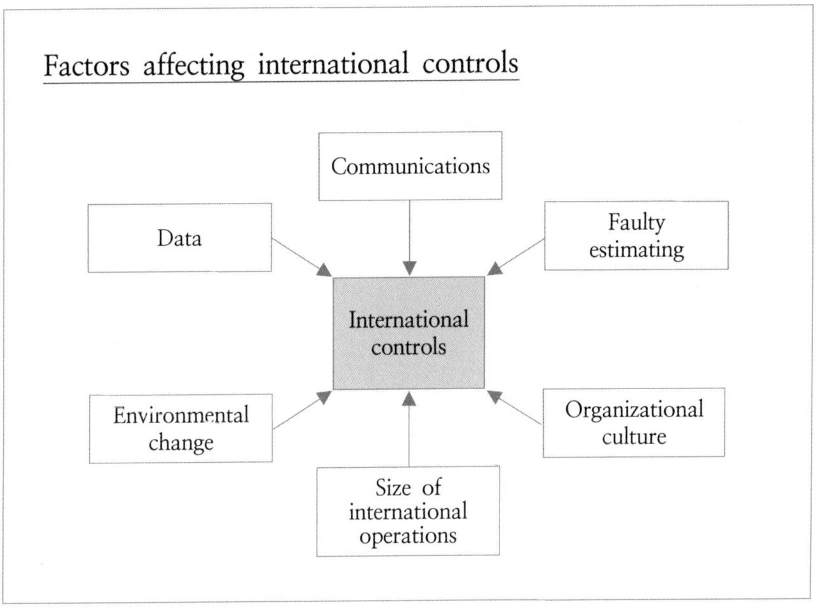

해외시장 환경이 복잡한 만큼 국제마케팅 통제에 영향을 미치는 요인들도 다양하다. 국제마케팅 통제시스템의 수준이나 유효성 등에 영향을 미치는 주요 요인들은 다음과 같다.[7)]

■ **커뮤니케이션**(Communications)

최근 통신수단의 급속한 발달로 국제마케팅 통제시스템의 정확성이 더욱 향상되고 있다. 그럼에도 불구하고 국제마케팅에서 커뮤니케이션 시스템이 붕괴되는 것은 본사와 해외자회사 또는 유통업체 간의 의사소통이 적시에 정확하게 이루어지지 않기 때문이다. 국제마케팅관리자는 마케팅 계획이나 활동을 조정하기 전에 계획과 결과 간의 차이 발생에 대한 원인을 규명하고, 그 과정에서 커뮤니케이션이 어떤 역할을 했는지 먼저 이해할 필요가 있다.

---

7) Fifield P. & Lewis K., *op. cit*.

■ **데이터**(Data)

국제마케팅에서는 원활한 데이터의 입수와 정확성이 항상 문제가 된다. 특히 국제경영 활동이 전 세계로 확대되면서 국제적인 시장 · 제품 · 산업 등에 관한 데이터의 유용성과 정확성이 상대적으로 떨어진다. 따라서 국제마케팅관리자는 통제시스템이 국내 시장과 달리 신뢰도가 떨어지는 데이터들을 가지고 시작한다는 점을 이해하고, 훨씬 광범위하고 다양한 데이터들을 통제과정에서 활용할 필요가 있다.

■ **환경 변화**(Environmental change)

기업이 경영 활동을 하는 현지 시장의 다양한 환경 요소들은 통제시스템과 평가에 사용될 자료에 중대한 영향을 미친다. 예를 들면, 현지 통화가치 · 법적 구조/규제 · 정치시스템 · 법정공휴일 · 문화적 차이 등 다양한 요소들이 마케팅전략의 개발과 통제에 영향을 미친다. 따라서 국제마케팅관리자는 해외시장 환경의 다양성을 통제시스템에 반드시 반영해야 한다.

■ **기업문화**(Organizational culture)

권력의 집중화나 분산화, 국제화와 글로벌화 등의 주제와 관련된 기업문화나 경영철학도 통제시스템 개발에 영향을 미친다. 예를 들면, 고도로 집중화된 글로벌기업들은 상세하면서도 광범위한 통제시스템을 구축할 필요가 있다. 반면 권한과 의사결정이 현지 자회사에게 위임되는 조직문화를 가진 기업들에게는 통제시스템에 대해 보다 낮은 유기적 접근이 요구된다.

■ **국제운영 규모**(Size of international operations)

국제운영의 성격과 해외 소득의 상대적 크기에 따라 통제시스템이 기업의 수익에 중요한 역할을 하게 된다. 예를 들어, 국제경영의 비중이나 중요성이 적은 해외 자회사에는 통제시스템을 까다롭게 적용하지 않고, 또 계획과 상이하게 나타난 결과에 대해서도 조사나 평가가 상대적으로

약하다. 반면에 현지 자회사의 경영규모가 크거나 전략적 비중이 클 경우에는 통제를 강화하게 된다.

■ **예측오류**(Faulty estimating)

보통 국제마케팅관리자들이 통계적 수치를 그대로 믿는 경향이 있다. 따라서 최초 계획이나 목표에 대한 예상이 잘못되었더라도 이를 문제 삼는 경우가 드물다. 하지만 성과 차이에 대한 분석을 통해 어떤 문제가 시장이나 기업의 능력이 아니고 당초 잘못된 계획의 예측에 있었다는 것이 자주 입증되곤 한다. 이런 경우에 기업과 국제마케팅관리자는 전략적 목표를 성공적으로 달성할 수 있도록 계획과 관련된 수치들을 다시 산정할 필요가 있다.

찾아보기

ㅊ

ㅋ

ㅌ

ㅍ

ㅎ

E

F

G

H

I

J

■ 저자소개

김길성 교수는 현재 전남대학교 국제통상학 전공 교수로 재직하고 있다. 조선대학교 경상대학을 졸업하고 전남대학교에서 경영학 박사학위를 받았다. 조선대학교 생산교육연수원, 미국 센트럴플로리다 주립대학교 경영대학과 로젠칼리지 객원교수를 지냈다. 현재 전남대 지역사회발전연구소 소장, 국제지역학회 회장 및 편집위원, 한국전문경영인학회 편집위원, 한국산업경제학회 이사, 한국항만경제학회 이사, 한국수산회 전문컨설턴트 등으로 활동하고 있다. 주요 저서로 경영전략(2009)이 있고, SSCI급 저널 등 국내외 저널에 60여 편의 논문을 게재하였으며, 국제심포지엄을 포함한 각종 학술대회에서 30여 차례 논문 발표를 하였다.

국제마케팅전략

인쇄 | 2013년 2월 20일
발행 | 2013년 2월 25일

저자 | 김길성
발행인 | 지병문
발행처 | 전남대학교출판부

등록 | 1981. 5. 21. 제53호
주소 | 500-757 광주광역시 북구 용봉로 77
전화 | (062) 530-0571~2, **마케팅부** 530-0573
팩스 | (062) 530-0579
홈페이지 | http://www.cnup.co.kr

값 15,000원

ISBN 978-89-6849-006-4 (93320)

이 도서의 국립중앙도서관 출판시도서목록(CIP)은 e-CIP홈페이지(http://www.nl.go.kr/ecip)와
국가자료공동목록시스템(http://www.nl.go.kr/kolisnet)에서 이용하실 수 있습니다.
(CIP제어번호 : CIP2013000968)